프로텍터십

프로텍터십
우리는 서로의 버팀목이다

초판 1쇄 발행 2025년 1월 3일

지은이	이주호
펴낸이	신현만
펴낸곳	(주)커리어케어 출판본부 SAYKOREA

출판본부장	박진희
편집	양재화 손성원
마케팅	허성권
디자인	육일구디자인

등록	2014년 1월 22일 (제2008-000060호)
주소	03385 서울시 강남구 테헤란로 87길 35 금강타워3, 5-8F
전화	02-2286-3813
팩스	02-6008-3980
홈페이지	www.saykorea.co.kr
인스타그램	instagram.com/saykoreabooks
블로그	blog.naver.com/saykoreabooks

ⓒ (주)커리어케어 2025
ISBN 979-11-93239-19-3 03320

SAY KOREA는 (주)커리어케어의 출판브랜드입니다.

PROTECTOR-SHIP

우 리 는   서 로 의   버 팀 목 이 다

프로텍터십

이주호 지음

SAY KOREA

추천의 글

윤리경영이 화두다. 최근 윤리경영은 회사 구성원들을 얼마나 하나의 인격체로서 존중하느냐를 포함한다. 닥터지 신화를 쓰며 K-뷰티 열풍을 이끌어온 이주호 대표는 윤리경영의 새로운 이정표를 제시한다. 회사가 직원을 존중하고 보호하며 성장을 도울 때, 직원도 회사를 믿고 자신의 역량을 극대화하여 회사의 성장을 돕는다는 '프로텍터십'의 선순환을 보여준 것이다. 프로텍터십이 경직된 우리 기업 문화의 새로운 돌파구가 되어주기를 기대한다.

_김난도, 서울대 교수·『트렌드 코리아』 시리즈 저자

인간의 마음을 탐구하는 인지과학자로서, '프로텍터십'을 통해 저는 서로가 서로의 버팀목이 되는 아름다운 공동체가 우리 사회 곳곳에 탄생하리란 꿈을 품게 되었습니다. 성장은 더 이상 타인의 희생 위에 쌓아올린 구조물이 아니라, 상호 존중과 돌봄을 통해 자연스럽게 꽃피우는 결실임을 깨달았습니다. 이런 꿈과 깨달음이 저를 따뜻하게 위로했습니다. 그런 따듯함이 필요한 모든 이들에게 이 책을 권합니다.

_김상균, 인지과학자·경희대 경영대학원 교수

사람에 주목하라! 이 책을 한마디로 요약하면 그렇다. 직원은 비용 이전에 사람이라는 것이다. 진부한가? 아니다. 사람을 움직이는 것은 당근이나 채찍이 전부가 아니다. 안전함과 신뢰가 주어질 때 사람은 가장 잘 치유되고 성장한다. 회사도 그렇다. 회사가 직원을 보호하면 직원은 회사를 지킨다. 회사가 직원의 성장을 도우면 직원은 회사와 동료의 성장을 위해 노력한다. 그것이 바로 이주호 대표가 보여준 '프로텍터십'이다.

_문요한, 정신건강의학과 의사·『관계의 언어』 저자

이주호 대표는 우리 단체 '(재)교육의봄'이 추진해온 스펙다이어트 1호 기업의 대표다. 나는 그를 기업의 책임자로 만났지만, 직원 채용과 기업 운영에 관련된 그의 자세가 워낙 통상적인 관행을 넘어서서 놀랐다. 이 책을 보니, 그가 살아온 삶은 고통과 역경으로 가득했다. 그런 고통은 사람을 냉혹하게 만들고 인격을 파괴하곤 하는데, 그의 삶은 그런 관성을 보기 좋게 빗나갔다. 오히려 풍파를 겪었기에 인간을 대하는 이해가 깊어졌고, 직원들과 소비자들을 대하는 태도가 달라졌다. 그런데도 회사 매출이 20배가 넘게 늘었다 하니, 그 또한 신기하다. 그의 책은 세상을 사는 올바른 지혜로 가득 차 있다. 모쪼록 이 책이 기업가들만이 아니라 세상의 변화에 관심을 둔 모든 이들에게 귀한 자극과 도전이 되기를 기대한다.

_손봉호, 서울대 명예교수·(재)교육의봄 이사장

이주호 대표를 오랫동안 지켜봐온 저는 그가 경영자로서의 소양 중 가장 중요한 '인성'을 올바르게 갖춘 사람이라고 생각합니다. 구성원들에 대한 그의 마음가짐이 인간의 존엄성을 인정하는 데에 기반하기 때문입니다. 이주호라는 사람은 함께 이루어야 할 업의 가치와 인간 성장의 가치를 조직 구성원 모두가 깨닫게 도와줌으로써 직장을 단지 작업 수행의 장소가 아닌 자아 성취를 이루는 일터로 만들어내는 경영자입니다. 그의 진심을 잘 알기에 저는 고운세상코스메틱이 이주호 대표가 꿈꾸는 '구성원 모두가 서로를 지켜주는 공동체'로서 진화를 이어갈 것이라고 믿습니다. 나아가 그의 경영철학인 '프로텍터십'이 널리 알려져 우리 사회에 선한 영향력을 연쇄적으로 끼쳐나가길 소망합니다.

_안건영, 의학박사·피부과 전문의·고운세상코스메틱 창업자

올리브영과 고운세상은 K-뷰티의 성장을 함께 만들어가고 있는 파트너입니다. 리더가 가진 리더십에 대한 철학은 조직 문화를 만드는 중요한 요소입니다. 고운세상이 성장한 방식과 그 안에 담겨 있는 이주호 대표의 철학을 이 책을 통해서 마주합니다. '성장하기 좋은 회사'로서 고운세상의 모습은 올리브영과도 많이 닮아 있습니다. 이 책은 CEO로서, 리더로서 조직을 어떻게 이끌어가야 하는지 고민하는 분들에게 많은 공감과 영감을 줄 것입니다.

_이선정, 올리브영 대표이사

길었던 구글 재직 기간 중 가장 기억나는 모먼트인 이주호 대표님과의 만남. 벌써 몇 해가 흘렀지만, 저자의 깊은 인사이트를 느낀 강렬한 기억은 오롯이 남아 있다. 그 자리에서부터 간청해온 그의 책이 오랜 기다림만큼 무척 반갑다. 비즈니스 퍼포먼스와 직원을 성장의 '동반자'로 바라보는 관점이 상충될 수 있다는, 혹시나 하는 우려를 가진 모든 리더에게, 현장에서 검증한 저자의 경영 방법론을 생생한 에피소드들과 함께 만나보길 강권하는 바이다. 앞으로 내게 있어 『프로텍터십』은, 주기적으로 만나는 그룹사, 중견기업, 스타트업의 경영자들은 물론 소중한 지인들에게도 가장 중요한 선물로 오래 활용될 듯하다.

_조용민, 언바운드랩 대표·전 구글코리아 상무

경쟁이 치열한 시장에서 10년간 매출액 22배 성장, 심각한 저출산 시대에 사내 합계출산율 2.7명, 업계에서 서로 데려가려고 애쓰는 인재들, 직원들에게 3년 연속 연봉의 50%를 보너스로 지급. 이 중 하나도 달성하기 어려운 게 현실인데 이 모두를 이뤄낸 회사가 있다. 고운세상코스메틱. 이 회사는 다르다. 제품도 포장과 디자인의 디테일이 다르고 품질은 말할 것도 없다. 나는 '고운세상'의 고객으로서 이 특별함의 원천이 궁금했다. 이주호 대표의 『프로텍터십』을 읽고 비로소 궁금증이 풀렸다. 저자의 경영철학인 '프로텍터십'이 놀라운 성과와 특별함의 원동력이다. 기업과 경영, 그리고 자기계발에 관심이 있는 모두에게 이 책을 힘껏 추천한다. 내가 그랬듯이 책의 곳곳에서 보물 같은 영감과 신선한 통찰을 얻을 수 있으리라.

_홍승완, 『인디 워커』·『마음편지』 저자

세상에 어느 회사가 직원을 보호하고 성장시키는 것이 가장 중요한 목표라고 말할까요? 세상에 어느 회사가 회사의 이익보다 직원들의 성장과 자립이 중요하다고 말할까요? 세상에 어느 회사가 그런데도 매출과 이익이 쑥쑥 올라갈까요? 여기 그런 세상이 있습니다. 고운세상코스메틱이라는 회사입니다. '프로텍터십'이라고 명명한 '고운' 경영철학으로 세상에 없던 회사를 이끌고 있는 이주호 대표가, "이제 당신 책을 써도 될 것 같아요"라는 부인의 허락을 받아 내놓은 이 책에 그 비결이 오롯이 담겨 있습니다. 기업의 비전과 경영전략을 고민하는 경영자들에게 한 줄기 빛이 되리라 생각합니다.

_황영기, 초록우산어린이재단 회장

각자도생 시대에 던지는
출사표

"책 쓸 생각 하지 말고, 당신 인생이 책이 되도록 살아봐요."

10여 년 전, 다니던 직장에서 좌천되어 지방 공장에 내려가게 되면서 주말부부 생활을 할 때였습니다. 책을 쓰고 싶다던 제게 아내가 한 말입니다. 듣고 보니 그랬습니다. 저는 그때까지 책이 될 만한 인생을 살지 못했습니다.

저는 IMF 직후 대학을 졸업하고 어렵게 대기업 취업에 성공했습니다. 회사는 안정적이었지만 일에서 의미를 찾기 어려웠습니다. 3년 반 만에 대기업을 나와 벤처기업으로 첫 이직을 했습니다. 회계

책임자로서 입사 이듬해에 회사를 코스닥 시장에 상장시키는 등 비교적 이른 나이에 능력을 인정받으며 나름의 성공을 거두었습니다.

하지만 인생은 그리 만만하지 않았습니다. 이후 다른 회사들을 전전하다 다시 돌아온 두 번째 회사에서 은행과 맺은 환계약이 잘못되는 바람에, 저는 그 책임을 떠안고 지방 공장의 생산직으로 발령받았습니다. 회사의 의도는 그곳에서 자중하고 있으라는 의미였겠지만, 저는 SNS에 글을 올리며 회사에서 잃어버린 자존감을 되찾으려고 부질없이 애썼습니다. 그러나 그 당시 저에게는 세상에 던질 아무런 메시지도 없었습니다.

시련은 거기서 끝이 아니었습니다. 공장에서 다시 계열사로 발령을 받은 뒤로 저는 홧김에 밤마다 술을 마시며 출근조차 제대로 하지 않았습니다. 결국 3개월 만에 회사에서 내쫓겼고, 그 후에 이직한 회사에서는 생소한 해외영업 업무를 맡으면서 자존감이 바닥없이 추락했습니다. 공황장애와 우울증과 싸우면서 가족을 지키기 위해 인고의 시간을 견뎌야 했습니다.

앞이 보이지 않는 암흑 같은 터널 속에서 보낸 3년의 시간 동안, 아버지의 가정폭력 때문에 가출한 어머니를 기다리며 울던 다섯 살의 '어린 나'를 만났습니다. 저는 그 아이에게 다가가 눈물을 닦아준 뒤 손을 붙잡고 세상 밖으로 천천히 걸어 나왔습니다. 그리고 그제야 비로소 상처 입은 사람들의 마음을 이해하고, 타인의 아픔에 공감할 수 있는 어른이 되었습니다. 과거에 인연이 있던 고운세상 창업자 안건영 원장님이 내밀어주신 손을 잡고 지금의 고운세상에 합류하게 된 건 그 직후의 일입니다.

그러한 시간을 거치고 나니 경영자로서 제가 해야 할 역할이 뚜렷이 보이기 시작했습니다. 그 역할은 바로 직원들을 보호하는 일이었습니다. 직원들이 자신의 재능을 힘껏 발휘하는 전문가로 성장해서 본인은 물론 가족과 동료들을 지킬 수 있도록 돕는 것. 회사가 직원들이 어려울 때 그들을 보호해주면 회사가 어려울 때 직원들이 회사를 지켜주는 공동체를 만드는 것. 직원들이 회사의 성장을 위한 도구가 되는 게 아니라 회사가 직원들의 성장을 위한 수단이 되어주는 것. 그것이 저에게 주어진 소명이었습니다.

그렇게 10년의 세월을 고운세상에서 고운이들과 함께 앞만 보며 달려왔습니다. 회사는 지난 10년 사이 매출 규모가 스무 배 이상 성장했고, 더불어 직원들은 다른 기업에서 탐을 낼 정도의 우수한 인재로 성장했습니다. 입사경쟁률은 어느새 300:1이 넘었습니다. 임직원 평균 합계출산율은 2.7명(2022년 기준)을 기록해 같은 기간 대한민국 평균인 0.78명의 세 배를 웃돌며 일·가정 양립 문화의 대표 기업이 되었습니다. 그리고 지금 고운세상은 직원들이 개인의 성장을 통해 자립하고 함께 연대하는 '1인 기업가들의 공동체'를 향해 나아가고 있습니다.

"이제 당신 책을 써도 될 것 같아요."

어느 날 아내가 말했습니다. 아내는 제가 지금까지 살아온 삶이 하나의 책이 되었다고 했습니다. 그것이 바로 이 책입니다. 길지 않은 이 한 권의 책에는 제가 거쳐온 삶과 거기서 길어올린 생각들, 그리고 그를 토대로 쌓아올린 경영에 대한 저의 신념과 실천이 응축되어 담겨 있습니다. 저는 그것을 '프로텍터십protectorship'이라고 부르고 싶습니다.

저는 이 책을 세상에 던지는 저와 고운세상의 출사표라고 생각합니다. 모두가 자신과 자기 가족의 안위만을 챙기며 각자도생을 추구하도록 몰아가는 이 시대에, 자신의 전문성으로 동료를 지키고 공동체를 위하는 사람들이 모인 회사가 여기 있다고, 그리고 그렇게 서로를 돌보며 일해도 성장을 지속할 수 있다고 세상에 이야기하고 싶습니다.

저는 고운세상에서 세상에 기여할 수 있는 제 소명을 찾았습니다. 돈보다 사람이 소중하다는 사실을 깨닫고, 사람이 사람에게 버팀목이 될 수 있다는 사실을 깨달았습니다. 그리고 그들이 자유롭고 건강하게 연대하여 일하며 살 수 있도록 돕는 것이 제게 주어진 소명임을 알게 되었습니다. 그렇게 저를 일깨우고 지금까지 지켜준 고운세상의 창업자 안건영 박사님과 고운이들 모두에게 이 책을 바칩니다.

2025년 1월

성장을 돕는 리더 이주호

프로텍터십:
우리는 서로의
버림목이다

'프로텍러십'
이란

2014년 고운세상에 출근한 첫날, 제 눈에 가장 먼저 들어온 것은 직원들이 앉아 있는 낡은 의자였습니다. 하루 중 눈 뜬 시간의 대부분을 보내는 회사 의자가 불편하다면, 직원들이 최고의 업무 효율을 발휘할 수 있을까요?

저의 본격적인 첫 업무는 회사 임원들의 연봉을 동결하고 그 돈으로 전 직원의 의자를 새것으로 바꾸는 일이었습니다. 매일 사무실을 돌며 직원들의 얼굴색을 살피기도 했습니다. 회사에서 소외되어 자신의 기량을 채 펼치지 못하는 사람의 어두운 표정을 알기 때문이었습니다.

회사의 기조도 대폭 바꿨습니다. 눈에 띄는 성과를 낸 특정 부서들에만 성과급을 지급하는 식으로 경쟁 구도를 만들기보다, 회사 전체의 매출 목표를 달성하면 구성원 모두에게 성과급을 지급하는 식으로 제도를 개편했습니다. 나 혼자만, 우리 팀만 잘하면 된다고 생각하기보다 동료를 도우며 서로 협력하는 회사로 만들고 싶었기 때문입니다. 모든 제도 개편의 방향성을 '모두가 이타적으로 행동할 수 있는 구조'에 두고, 새롭게 제도를 정비해나갔습니다.

결과는 어땠을까요? 고운세상은 제가 부임한 2014년에 화장품 사업 매출이 100억 원도 안 되는 회사였습니다. 하지만 지금은 매출 2000억 원을 넘어 3000억 원을 바라보는 회사, 3년 연속 직원들에게 연봉의 50%를 보너스로 준 회사가 되었습니다.

'복지'가 아니라 '보호'입니다

저는 직원들의 결혼식에는 참석하지 않지만, 직원들 가족의 장례식에는 꼭 찾아가 조문합니다. 기쁜 일을 함께 나누고 축하해주는 사람은 많지만, 어려운 일을 겪는 사람에게 진심 어린 위로를 전하는 이는 생각보다 많지 않기 때문입니다. 진정한 관심은 행복한 순간이 아니라 힘겨운 순간에 더욱 필요한 법입니다.

한번은 육아휴직 중이던 직원의 아버님이 돌아가셔서 장례식장에 찾아갔습니다. 오랜만에 얼굴을 본 직원과 이런저런 이야기를 나누던 중 그 직원이 물었습니다.

"제가 지금 회사에 다니는 것도 아닌데, 어떻게 여기까지 오셨어요?"

잠시 고민하다가 저는 "살면서 어려운 순간은 누구에게나 오기 때문"이라고 답했습니다. 오늘은 이 직원에게 어려운 일이 닥쳤지만, 내일은 다른 직원이 될 수도 있고, 또 제가 될 수도 있습니다. 누구든 힘든 일을 겪을 때 회사가 자신과 가족의 단단한 보호망이 되어준다면 얼마나 든든한 일이겠습니까? 저는 회사와 직원이, 그리고 직원과 직원이 서로를 지키는 존재가 되기를 바랍니다.

'서로를 지켜주는 공동체'

저는 이것이 고운세상을 이루는 핵심이라고 생각합니다. 고운세상이 10년 만에 22배의 성장을 이룬 것, 그리고 출산율 2.7명이라는 기록을 남긴 것은 이 신념을 구현하려 꾸준히 노력해온 덕분입니다.

과거의 저는 저 자신만을 생각하고 혼자만의 성과에 집착했습니다. 그래서 자신의 능력을 최대한 발휘하지 않거나 도전하지 않는 사람을 보면 한심하게만 여겼습니다. 그러나 지금은 생각이 달라졌습니다. 그것은 개인의 잘못이 아니라 환경의 문제일 수 있다는 것을 깨달았습니다.

인간의 기본적인 욕구는 안전하고 싶은 욕구, 소속되고 싶은 욕구, 인정받고 싶은 욕구, 존중받고 싶은 욕구 등입니다. 하지만 고용이 불안정하고 경쟁이 치열한 현대의 기업 환경에서는 이러한 기본 욕구가 충족되기 어렵습니다. 이러한 환경에서 자기계발이나 성장과 같은 상위 욕구에 몰입하지 못하는 것은 당연한 일입니다. 회사는 같은 목표를 가진 사람들이 모여 성과를 만들어내는 공동체입니다. 그러나 성과를 낼 수 없는 환경에서는 아무리 성과를 강요해도 기대한 결과를 얻을 수 없습니다.

그렇다면 직원들이 성과를 낼 수 있는 환경을 만들어주고 서로 연대하고 협력하도록 한다면 어떨까요? 기본적인 욕구가 충족되면 인간은 그다음 단계의 상위 욕구에 몰입하게 마련입니다. 그래서 고운 세상의 경영철학은 다양한 직원 '보호' 제도를 통해 직원들이 정서적인 안정감을 느끼고 결속될 수 있도록 하는 것입니다.

고운세상의 직원 보호 제도는 다양한 구성원들의 생애주기를 섬세하게 고려해 설계되었습니다. 말 그대로 '요람에서 무덤까지' 케어합니다. 시작은 다양한 임신과 출산 관련 지원 제도입니다. 나아가 임신 준비 기간부터 육아기까지 구성원이나 그 가족의 임신 및 육아 관련 생애주기 동안 일과 가정이 원활하게 양립할 수 있도록 다양한 제도를 운영합니다.

△난임 치료비 지원 및 시술 당일 휴가, △임신 전全 기간 두 시간 단축근무, △일 7.5시간 근무 및 선택적 근로시간제, △주 2회 재택근무 허용, △육아휴직 최대 2년 보장, △자녀 입학식 휴가 등이 대표적입니다. 또한 여성뿐 아니라 남성 구성원의 일·가정 양립을 위해 △배우자 출산휴가 10일 의무 사용, △배우자 태아검진 동행 휴가, △배우자 임신 막달 두 시간 단축근무 등의 제도도 마련되어 있습니다.

구성원 본인이 질병에 걸리면 치료비를 지원하는 건 기본이고, 거기서 한 발짝 더 나아가 △구성원 본인의 중증 질환 발병 시 최대 1억 원 한도의 치료비 지원 및 장기 유급휴가 제공, △돌봄이 필요한 가족이 있는 구성원을 위한 가족 돌봄 휴직 또는 풀타임 재택근무 제도, △심리 상담 프로그램 지원 등 여러 상황을 고려한 제도를 운영하고 있습니다.

이러한 노력의 결과, 고운세상은 구성원들의 일과 가정의 양립을 지원하는 복리후생 제도 및 기업 문화를 구축한 점을 인정받아 'GPTW^{Great Place To Work}'가 주관하는 '대한민국 부모가 가장 일하기 좋은 기업'으로 5년 연속 선정되었으며, '대한민국 밀레니얼이 일하기 좋은 기업', '대한민국 여성 워킹맘이 일하기 좋은 기업'으로 3년 연속 선정됐습니다.

'비용'이 아니라 '사람'입니다

고운세상에는 인턴이 없습니다. 여기에는 특별한 이유가 있습니다. 사실 과거에 채용 연계형 인턴 제도를 활용해 대규모 신입 사원 공채를 진행한 적이 있습니다. 3개월의 인턴 기간 후 정규직 전환 여부를 결정하는 방식이었습니다. 그런데 이 기간 동안 인턴들이 느끼는 불안감과 압박감이 고스란히 저에게 전달되었습니다.

수습 제도는 정규직 전환을 전제로 하기 때문에 비교적 안정감을 제공합니다. 그러나 인턴 제도는 회사에 정규직 전환 의무가 없기 때문에 인턴들이 받는 정신적 스트레스가 상상을 초월했습니다. 물론 회사 입장에서는 신입 사원을 곧바로 정규직으로 채용할 때 따르는 비용과 관리 부담 및 리스크를 더는 이점이 있습니다. 하지만 인턴사원들 입장에서는 상시적인 고용 불안에 시달리고, 동료를 경쟁 상대 이상으로 보지 못하게 되며, 정규직과 동일한 양질의 교육과 훈련을 받지 못함으로써 커리어 성장의 기회를 박탈당하는 셈입니다. 이는 우리가 추구하는 '서로를 지켜주는 공동체'라는 가치에 정면으로 반하는 일일뿐더러, 생산성 면에서도 결코 도움이 되지 않는 일입니다.

또한 고운세상에는 필드매니저라 불리는 매장 순회 사원들이 있습니다. 그들은 각지의 매장을 돌며 매장 직원들과 호의적인 관계를 유지하고, 진열된 제품을 관리하며, 시장 상황을 파악해 유관 부서에 전달합니다. 일반적으로 다른 회사들은 이 필드매니저들을 파견직으로 고용하고 성과에 따라 인센티브를 지급하는 경우가 많습니다. 하지만 저는 직원들이 장기적인 비전과 소속감을 느끼며 일하기를 원했습니다. 그래서 필드매니저들을 정규직으로 채용하고, 본사 직원들과 동일하게 연말 성과급을 지급했습니다. 타사에 비하면 파격적인 대우지만, 여기에는 확고한 철학이 있습니다.

매장은 고객이 직접 제품과 브랜드를 경험하는 공간입니다. 필드매니저들은 이 중요한 공간을 관리합니다. 이들의 업무에 대한 이해도와 회사에 대한 애정이 중요한 이유입니다. 그 결과, 고운세상의 대표 브랜드 '닥터지Dr.G'는 수년째 올리브영을 대표하는 스킨케어 브랜드 자리를 유지하고 있으며, 매출 신기록을 이어가고 있습니다.

고운세상이 운영하는 면세점 매장도 마찬가지입니다. 우리 회사는 시내와 공항 면세점을 포함한 여러 매장을 운영하고 있습니다. 이곳 면세점 직원 대부분은 중국 국적의 교포들로, 현장에서 고객과 가장 가까이에서 소통하는 중요한 역할을 맡고 있습니다. 일반적으로 많은 회사가 매출 변동에 따른 유연성을 이유로 필드매니저와 마찬가지로 매장 직원 또한 파견직으로 고용합니다. 하지만 고운세상은 처음부터 이들의 정규직 고용을 고집해왔습니다. 정규직 직원과 파견직 직원은 일에 대한 마음가짐에서 차이가 크기 때문입니다.

특히 코로나 팬데믹이라는 최악의 상황 가운데서도, 단 한 명의 인원도 감축하지 않은 것은 우리의 자부심입니다. 경제적 불확실성이 그 어느 때보다 큰 시기에도 직원들은 회사를 믿었고, 회사는 직원들을 지켰습니다. 그 결과, 길었던 팬데믹이 끝나고 해외 방문객이 다시 늘어나자 직원들은 더욱 열정적으로 자신의 역할을 다하고 있습니다. 덕분에 닥터지 매장은 언제나 친절한 서비스로 유명합니다.

고운세상은 이렇듯 직원을 '비용'으로 보지 않고 '인간'으로 존중하며 함께 성장해가는 회사입니다. 외부에서는 이를 '인본주의 경영' 혹은 '사람 중심 경영'이라고 평가하지만, 저는 그런 거창한 수식어보다 서로가 서로를 지키며 성장하는 관계, '프로텍터십 protectorship'이라고 명명하고 싶습니다. 기존의 단어에 새로운 의미를 부여한 신조어이지만, 그것이 담고 있는 가치는 사실 새로운 것이 아닙니다. 두레든 상호부조든 나라마다 시대마다 용어는 다르지만, 사실 우리 인류는 오랫동안 그렇게 연대하고 협력하며 살아왔습니다. 저는 '갑질'과 '직장 내 괴롭힘'이 만연하고 '각자도생'이 불변의 진리처럼 고착화된 오늘의 대한민국 기업 환경에서 고운세상이 추구해온 이 프로텍터십이 새로운 돌파구를 여는 생존 전략이자 시대정신이 될 수 있다고 믿습니다.

'다니기 좋은 회사'가 아니라 '성장하기 좋은 회사'입니다

우리는 서로가 서로의 버팀목입니다. 버팀목은 물건이 쓰러지지 않게 받쳐 세우는 나무를 뜻하기도 하지만, 외부의 힘이나 압력에 굴복하지 않고 맞서 견딜 수 있도록 해주는 존재를 말하기도 합니다. 저는 회사가 구성원의 버팀목이 되어야 한다고 생각합니다. 고운세상은 우리의 구성원인 '고운이'들을 보호할 것입니다. 하지만 회사가 구성원을 보호한다는 것은 마치 온실처럼 찌르는 햇살과 들이치는 비를 무조건 막아주겠다는 의미가 아닙니다. 편하게 회사를 다니게 해주겠다는 뜻이 아닙니다. 회사가 구성원을 '지킨다는 것'은 이들이 사회에서 '자립' 가능한 전문가가 될 수 있도록 끊임없이 도전적인 환경을 제시하고 성장을 지원한다는 이야기입니다. 햇살과 비를 자양분 삼아 튼튼하게 자랄 수 있는 환경을 조성하겠다는 의미입니다. 그 과정에서 몇 번을 넘어져도 괜찮습니다. 고운세상은 고운이들이 성장할 수 있는 안전하고 너른 '도전의 장'이기 때문입니다.

고운세상은 '구성원이 회사의 성과를 위한 도구가 아니라 회사가 구성원의 성장을 위한 수단이 되어야 한다'는 강력한 믿음을 바탕으로 다양한 성장 지원 제도를 운영하고 있습니다. △인재 맞춤형 교육 프로그램인 개별육성플랜IDP, Individual Development Plan, △직무 관련 도서 무제한 지원, △직무 관련 자격증 응시 비용 지원, △외부 교육 무제한 지원, △대학원 학비 지원, △근무시간 중 영어회화 프로그램 운영, △외부 전문가 밀착 멘토링 등 성장을 위한 다양한 교육 기회를 제공합니다. 또 외부 전문가를 수시로 초빙하여 강연을 진행하고, 공통 도서를 읽고 독후감을 작성하는 독서경영을 실천하며, 자신의 전문성에 대한 지식을 동료들과 공유하는 세미나 데이 등을 운영하고 있습니다. 구성원들이 회사를 단순히 일만 하는 공간이 아니라 힐링과 자기계발 등 즐거운 경험을 할 수 있는 공간으로 느낄 수 있도록 사내 문화센터인 '고운스터디'와 '고운클래스' 프로그램도 운영합니다.

2023년부터는 '자립과 성장, 연대와 협력'이라는 키워드를 바탕으로 구성원의 성장을 지원하는 회사의 역할을 보다 강화하여, 구성원 모두가 전문성을 갖춘 '자유롭고 건강한 1인 기업가들의 공동체'라는 비전을 회사의 공식적인 비전으로 선포하게 되었습니다.

구성원들이 자신의 직무에서 성장할수록 일의 권한은 물론 그에 따른 책임도 늘어나겠지만, 그 말은 자신의 일로써 다른 사람과 사회에 미칠 수 있는 영향력이 커진다는 의미이기도 합니다. 저는 고운세상의 구성원이 나를 넘어 타인과 사회의 버팀목이 되는 '선하고 강한 사람들'로 성장하기를 바랍니다. 선하고 강한 사람들은 동료를 지켜냅니다. 함께 일하는 동료들은 서로 등을 맞대고 기댄 존재들입니다. 내가 단단하지 못하면 나의 동료가 넘어질 것이고, 내가 자라나지 못하면 내게 등을 기댄 동료도 더 이상 커질 수 없습니다. 그래서 구성원들은 책임감을 가지고 자기 자신의 성장을 통해 동료의 성장을 도와야 합니다.

누구나 살면서 예상치 못한 어려움에 부닥치기도 하지만, 우리 모두 선하고 강한 사람들이기에 동료가 다시 일어설 수 있도록 기댈

어깨를 내어줄 수도 있습니다. 서로가 서로를 지켜내는 그 마음이 있다면 우리는 실패해도 다시 일어날 수 있고, 더 자유롭고 건강하게 살아갈 용기를 얻을 수 있습니다.

직장이 개인의 평생고용을 보장하지 않는 시대, 자신의 안위를 위해 타인과의 신의를 쉽게 저버리는 시대, 서로가 서로의 생존 수단으로 전락한 시대. 이러한 각자도생의 세태 속에서 저는 조직의 구성원들이 반드시 선하고 강한 개인으로 거듭나길 바랍니다. 고운세상이 회사의 비전인 '건강하고 자유로운 1인 기업가들의 공동체'의 모습을 실현할 때, 우리가 회사를 넘어 사회와 삶 속에서 건강한 '프로텍터십'을 발휘할 수 있다고 믿습니다. 나만의 전문성으로 나와 가족의 삶을 책임지고, 나아가 타인과 조직, 사회에 고운 영향력을 미칠 수 있게 될 것입니다. 이것이 바로 우리가 프로텍터십을 바탕으로, 1인 기업가들의 공동체로 모여 일하는 이유입니다.

도대체 이들이 어디가 어떻게
이기적이라는 건가요?

"올여름, 가을, 겨울! 닥터지 선크림으로 가시죠!"

"……갑시다!"

2023년 4월, 유튜브 인기 예능 프로그램 〈네고왕〉에 출연했습니다. 이 방송은 방송인 홍현희 씨가 직접 기업의 대표와 제품 가격을 협상해 소비자들이 더 저렴하게 제품을 구매할 수 있도록 돕는 콘셉트입니다.

사실 그전까지 방송을 잘 몰랐기에, 예능은 대본에 맞추어 '짜고 치는 고스톱'이라고 생각했습니다. 큰 오해였습니다. 홍현희 씨는 스마트폰으로 실시간 가격을 검색하며 저희가 내부적으로 생각했던 금액보다 훨씬 낮은 가격을 제시했습니다. 사실 이전에 자사 제품 라이브를 통해 협업한 적이 있어 그의 센스는 알고 있었지만, 협상 실력까지 이렇게 뛰어날 줄은 몰랐습니다. 오랜 회사 생활 동안 다양한 인재들을 만나왔지만, 이 정도로 프로의식이 있고 준비가 철저한 인재라면 당장 우리 회사 직원으로 모시고 싶을 정도였습니다.

"네고왕 홍현희, 화장품왕 이주호!"
"네고~ 성공!"

그렇게 폭풍 같은 네고를 마친 홍현희 씨와 방송팀은 웃으며 떠났고, 그제야 저희 직원들의 수심 가득한 얼굴이 눈에 들어왔습니다. 얼굴에는 '대표님, 대체 어쩌시려고……'라는 걱정이 서려 있었습니다. 하지만 저는 크게 걱정하지 않았습니다. 내부에서 정한 마지노선보다 좀 더 저렴하게 책정된 것은 사실이지만, 저 역시 경영자인지라 이 정도는 충분히 감당할 수 있다고 계산이 섰기에 승낙한 금액이었습니다. 그러나 지금 와서 고백하건대, 그때까지만 해도 방송의 파급력을 잘 몰랐습니다.

뜻밖의 대박 그리고 기적의 단합력

〈네고왕〉 방송이 나가고, 조회수가 폭발했습니다. 닥터지는 한 번도 외부 프로모션에 참여한 적이 없었기에, 소비자들에게 이번 파격적인 행사가 특히 매력적으로 다가온 듯했습니다. 방송이 나간 목요일부터 주문이 밀려들기 시작하더니 주말 내내 주문이 쌓였습니다. 합산 결과 행사 기간 동안 예상의 두 배가 넘는 100만 건의 주문이 들어왔습니다.

이처럼 대규모 할인 행사를 할 때 기업에서 유념해야 할 점은 소비자와의 약속을 지킬 수 있는가입니다. 이전에 방송된 다른 기업의 경우 재고 부족으로 인해 제품을 추가로 생산하고 배송하기까지 수개월이나 지연되었다는 이야기를 들은 적이 있습니다. 하지만 재고 부족은 기업의 사정일 뿐, 소비자 입장에서는 불만이 생길 수밖에 없는 민감한 사안입니다.

그래서 미리 재고 확보에 신경을 썼지만, 문제는 예상보다 폭주한 주문이었습니다. 온라인 담당자들의 처리 용량을 훨씬 초과한 주문이 쏟아졌습니다. 특히 온라인 주문은 빨리 처리해야 제때 배송이 가능합니다. 여기서 늦어지면 소비자가 제품을 받을 수 있는 날짜가 늦어질 수밖에 없는 상황이었습니다. 결국 온라인팀에서는 고심 끝에 사내 게시판에 도움을 요청하는 글을 올렸습니다.

그런데 믿기 어려운 일이 벌어졌습니다. 사내 게시판에 글이 올라온 때가 주말 저녁이었는데도, 100명이 넘는 직원들이 자발적으로 나선 것입니다. 직원들은 자체적으로 단톡방을 만들어 서로 할당량을 나누고 진행 상황을 공유했습니다. 그렇게 일사불란하게 주문을 처리하기 시작하자, 열흘 이상 걸릴 작업이 단 두 시간 만에 끝났습니다. 단톡방에는 "이렇게 같이 하니까 빨리 끝나네요", "주말인데 다들 수고하셨습니다", "저는 이제 애 보러 갑니다. 편한 주말 되십시오" 등의 격려 메시지가 이어졌습니다.

저는 이 메시지들을 보며 가슴이 벅찼습니다. 솔직히 주말 저녁에 회사에서 오는 메시지라면 열어보기도 싫은 게 보통 직장인들의 마음 아니겠습니까? 그 마음을 극복하고 다들 회사 일에 나선 것이니까요. 그 결과, 고운세상은 단 이틀 만에 모든 주문을 처리하고, 열흘 만에 100만 건의 배송을 완료할 수 있었습니다. 기적과도 같은 단합력이었습니다.

고객과의 약속만큼 중요한 건 없다

사실 모든 배송이 원활하게 이루어진 것은 아니었습니다. 당시 저는 방송에서 선착순 5만 명에게 새로 출시된 선크림 샘플 두 개를 사은품으로 제공하겠다고 약속했습니다. 그러나 예상보다 주문이 폭주하는 바람에 일부 배송을 외부 업체에 맡길 수밖에 없었고, 그 과정에서 배송 오류가 발생했습니다. 선착순에 들었던 5만 명 외의 분들에게 샘플 일부가 발송되는 바람에 정작 사은품을 받아야 할 분들이 못 받는 일이 벌어졌습니다.

전산 실수를 확인한 직원들은 재빨리 누락된 고객들을 찾아내 샘플을 보내려고 했지만, 이번에는 다른 문제가 생겼습니다. 샘플 재고가 부족했던 것입니다. 최대한 빨리 생산해도 사은품을 준비하고 배송하기까지 두 달이나 걸린다는 말에 정신이 아득했습니다.

결국 우리는 누락된 고객에게 사과의 메시지와 함께 35밀리리터 선크림 본품을 따로 배송했습니다. 제품 가격에 추가 배송비까지 회사 입장에서는 부담이 되는 결정이었지만, 우리에게는 고객과의 약속이 더 중요했습니다. 다행히 고객들은 10밀리리터 사은품 두 개 대신 35밀리리터 본품을 받고 깜짝 선물을 받은 것 같다며 기뻐했습니다.

당시 저는 고객에게 보낸 사과문에 이렇게 썼습니다.

이번 행사를 통해 고객님들께 최선의 제품과 서비스를 제공해드리는 것이 고운세상이 존재해야 하는 이유임을 다시 생각하는 계기가 되었습니다.

이것은 빈말이 아니었습니다. 실제로 〈네고왕〉 행사는 단순히 회사 홍보를 넘어 그동안 고객에게 받은 사랑에 보답하고자 하는 마음으로 진행한 행사였습니다. 한편으로는 그만큼 회사 이미지에 타격을 줄 수도 있는, 리스크가 큰 행사이기도 했습니다. 그러나 그 모든 위기를 무사히 넘기고 예상을 훨씬 웃도는 100억 원에 가까운 매출을 기록할 수 있었던 것은 고운세상 직원들의 단합 덕분이었습니다.

모든 행사가 마무리된 후, 전 직원에게 한 사람당 10만 원의 특별 회식비를 지급했습니다. 우리 직원들이 나서지 않았다면 고객들과 한 약속을 지킬 수 없었을 테니까요. 그리고 다음 달 어버이날에는 직원들의 부모님들께 횡성 한우 세트를 보내드렸습니다. 훌륭한 직원들을 키워주신 부모님들께 진심으로 감사한 마음을 전하고 싶었기 때문입니다.

건강한 조직의 구성원은 이타적이다

회사 기준에서 보면 '단기간 매출 상승'이나 '프로젝트 성공'은 하나의 이벤트입니다. 그러나 동료를 위해 주말까지 반납하고 서로 나서서 업무를 지원하는 마음은 단발성 이벤트 이상의 의미를 지닙니다. 고운세상이 그동안 쌓아온 조직 문화의 저력을 보여주는 사례이기 때문입니다.

기성세대들은 흔히 요즘 젊은 세대가 이기적이라고 말합니다. 저는 그런 말을 들을 때마다 그들에게 우리 직원들을 소개하고 싶습니다. 우리 직원들의 어디가 어떻게 이기적이라는 건가요? 젊은 세대도 불의에 맞서는 정의감과 어려운 이웃과 동료를 돕는 따뜻한 마음을 지니고 있습니다. 만약 그들이 이기적으로 보인다면, 그들의 따뜻한 마음을 펼칠 기회를 만나지 못했기 때문일 것입니다.

건강한 조직은 위기 상황에서 오히려 공동체 의식이 빛납니다. '나'보다는 '우리'를 먼저 생각하고, 동료의 어려움을 자신의 일처럼 여깁니다. 위기를 인정하고 솔직하게 도움을 요청할 때 공동체는 더욱 단단해집니다. 이것이 제가 고운세상의 조직 문화를 자랑스럽게 여기는 이유입니다.

올리브영 끌찌에서 일등으로,
모두의 힘으로!

매년 올리브영은 고객 구매 데이터를 바탕으로 한 해의 트렌드를 결산하는 '올리브영 어워즈＆페스타'를 엽니다. 2024년 12월, 서울 신라호텔에서 열린 이 행사에 참석하며 벅찬 감회에 젖었습니다. 닥터지가 6년 연속 크림과 선케어 부문 어워즈를 수상했기 때문입니다. 불과 10년 전만 해도 우리 회사는 올리브영에서 퇴출 위기였는데 말입니다.

화장품 업계에서 올리브영은 헬스＆뷰티 스토어의 절대 강자입니다. 특히 고운세상이 '닥터지'라는 브랜드로 처음 입점하던 2012년 무렵 올리브영에 입점한다는 건 우리 회사 같은 신규 업체가 브랜드

인지도를 높일 수 있는 가장 강력한 수단이라고 해도 과언이 아니었습니다. 올리브영에 입점했다는 것만으로도 고객들의 신뢰가 생겼으니까요. 하지만 당시 닥터지는 겨우 입점만 했을 뿐, 판매 하위권에 머물며 어떤 성과도 내지 못하고 있었습니다.

꼴찌의 뼈아픈 자기분석

지금도 기억에 남는 일이 있습니다. 제가 고운세상에 최고재무책임자로 처음 합류한 2014년이었습니다. 당시 대표였던 안건영 회장님과 함께 올리브영 대표님을 만나러 간 자리였습니다. 그런데 우리를 만난 당시 올리브영 대표님은 우리가 퇴출을 당하게 되어 그걸 재고해달라고 부탁하러 찾아온 것으로 오해하신 듯했습니다. 당시 닥터지는 판매 실적이 저조하여 퇴출 대상 브랜드로 거론되던 중이었기 때문입니다. 지금 생각해도 얼굴이 화끈거리는 기억입니다.

당시 저는 화장품 업계 경험이 전무했고, 도움을 청할 업계 인맥도 없었기에 매일 답답한 시간을 보내던 중이었습니다. 그러던 어느 날, 한 통의 메일을 받았습니다. 올리브영의 브랜드 평가에서 닥터지가 최하위를 기록했다는 내용이었습니다. 당황스러웠지만, 부끄

러움을 무릅쓰고 보고서를 작성한 어드밴스드 코리아 정종주 대표님께 전화를 걸었습니다. 그리고 우리 회사 전 직원 앞에서 보고서를 설명해달라고 요청했습니다.

보고서는 임직원 전체가 모인 가운데 회사 강당에서 발표되었습니다. 우리 브랜드는 올리브영의 평가 기준으로 봤을 때, 비즈니스 관계부터 조직, 카테고리 개발, 매장 내 실행력, 공급망 관리, 마케팅까지 거의 모든 항목에서 최하위를 기록했습니다. 한 시간 동안 이어진 발표 동안, 저를 비롯한 직원 모두 고개를 들 수 없었습니다.

발표 후 착잡한 마음을 애써 누르며 저는 "우리의 현주소를 알았으니, 이제 어떻게 개선할지 함께 고민해봅시다"라고 말했습니다.

그 후 우리는 부서 간 상호 평가 시스템을 도입해 올리브영의 평가 기준으로 각 부서를 점검하기 시작했습니다. 예를 들어 상품기획팀은 다른 부서로부터 '트렌드에 맞는 제품을 적시에 출시하고 있는지'에 대한 평가를 받고, 마케팅팀은 '우리 브랜드가 브랜드 이미지에 맞는 마케팅을 하고 있는지'에 대해 타 부서 동료들로부터 평가받는 식이었습니다.

그렇게 상품 기획, 마케팅, 디자인, 영업, 경영 전략 시스템 등 모든 영역에서 객관적인 시선으로 서로를 평가하자, 각 팀의 강점과 약점이 드러나기 시작했습니다. 그렇게 우리는 1년에 두 번씩 각 부서 간 상호 평가를 하고, 각 부서는 가장 점수가 낮은 항목을 우선적으로 관리하며 개선 상황을 분기별로 점검했습니다.

그렇게 올리브영의 시선으로 내부 평가와 개선을 반복한 끝에, 우리는 1년 만에 올리브영에서 중위권에 오를 수 있었습니다. 그리고 그다음 해에는 최상위 브랜드 중 하나로 도약하게 되었습니다. 우리가 왜 하위권에 머물러 있는지 처절하게 파고들었던 결과였습니다. 그렇게 퇴출 위기였던 우리 브랜드는 올리브영에서 서서히 자리를 잡을 수 있었습니다.

일요일 아침, 올리브영으로 출동하다

2018년 8월, 우리는 처음으로 올리브영의 파워팩 행사에 참여하게 되었습니다. 파워팩 행사는 올리브영에서 가장 좋은 자리에 진열될 수 있는 매우 소중한 기회입니다. 사실 이 기회는 원래 우리 것이 아니었습니다. 원래 예정되었던 타 브랜드가 갑작스럽게 포기하면서 대신 우리가 참여하게 된 것입니다. 그러다보니 통상 3개월이 소요되는 준비를 단 3주 만에 끝내야 했습니다.

그렇게 시작된 행사 첫날, 저는 설레는 마음으로 집 근처 매장을 찾았습니다. 그러나 들뜬 제 기분을 비웃듯 매대에는 저희 제품이 하나도 없었습니다. 급히 다른 매장도 방문해봤습니다. 다른 매장도 마찬가지였습니다. 알고 보니 보통 과거 매출 실적을 기준으로 제품 수량을 발주하는데, 실적이 적다보니 매장에서 소량만 발주했던 것입니다. 그래서 파워팩 행사 첫날부터 재고가 바닥나버린 상황이었습니다. 처음 치르는 파워팩 행사라 발생한 실수였습니다.

하필 주말이라 본사 물류센터에서 매장으로 배송도 불가능한 상황이었습니다. 월요일에 주문하면 당시 시스템상 수요일에나 물건이 도착한다고 했습니다. 매출이 가장 많이 발생하는 첫 주말을 모두 날리게 된 셈입니다. 하지만 어렵게 얻은 절호의 기회를 이렇게 날릴 수는 없었습니다.

고민 끝에 저는 직원들에게 솔직히 상황을 설명하고 도움을 구했습니다. 회사 게시판에 글을 올려, 주말이라 미안하지만 나올 수 있는 직원들은 나와서 매장에 제품을 직접 납품하는 것을 도와달라고 요청했습니다. 사실 몇 명이나 나올지 전혀 예측할 수 없었습니다. 단 몇 명이라도 나와서 도와주면 좋겠다고 생각했을 뿐입니다.

하지만 놀랍게도 일요일 아침, 전체 직원의 70% 이상이 회사를 위해 나와주었습니다. 명동성당 주차장, 강남 올리브영 주차장, 분당 회사 등 각 거점으로 모인 직원들은 담당자에게 설명을 듣고 방문 지역을 나누었습니다. 그리고 2인 1조로 수도권 남부, 강남, 강북 지역을 돌아다니며 매장에 제품을 납품하기 시작했습니다.

2인 1조였던 이유는 한 명은 운전을 하고 다른 한 명은 제품을 들고 매장에 뛰어 들어가야 했기 때문입니다. 매장 직원들은 업체 직원들이 갑자기 등장하자 몹시 놀랐습니다. 우리는 부족한 제품만 납품한 것이 아니라 간 김에 매장의 테스터도 채우고 진열도 점검했습니다.

저 역시 사원 한 명과 함께 2인 1조로 매장을 돌았습니다. 하필이면 비까지 추적추적 내리는 일요일이었습니다. 그럼에도 그날 밤늦게까지 직원들이 방문한 매장은 총 400개가 넘었습니다. 일을 마친 직원들은 완료 상황을 사진으로 찍어 회사 밴드에 공유했습니다.

혜화역점: 30개 직납, 진열 완료. 어제부터 소진. 수요고객 많음.
　　　　점장에게 요청해서 진열 추가 완료.
세종로점: 일요일 10개 직납 요청!(재고 소진되어 직납 요청 받았
　　　　습니다.)
문정역점: 3개 직납. 테스터 2종 진열 완료.

그 아래에는 서로서로 '수고했다'고 격려하는 댓글들이 달렸습니

다. 그걸 보는데, 제 마음에 무언가가 넘쳐흘렀습니다. 미안함, 고마움, 그리고 자랑스러움이었습니다.

그때 저와 함께 매장을 돌며 진열 작업을 했던 입사 2개월차의 신입 직원은 친구들과 올리브영 매장을 지날 때마다 "저 제품 내가 진열했어"라며 자랑스럽게 이야기했다고 합니다. 이러한 직원들의 헌신 덕분에 3주간 이어진 파워팩 행사에서 고운세상은 무려 29억 원의 매출을 기록할 수 있었습니다. 그뿐만 아니라 이 행사를 계기로 레드 블레미쉬 크림의 인지도와 인기가 크게 상승하며 군대 PX(군마트)에서도 불티나게 팔리기 시작했습니다. 그리고 몇 년 뒤에 닥터지는 올리브영에서 단일 브랜드로서는 처음으로 월매출 100억 원을 달성했고, 2023년 6월에는 그 기록을 스스로 깨고 월매출 200억 원을 돌파했습니다.

우리는 위기를 통해 함께 강해진다

위기는 언제나 우리를 시험하지만, 그 안에는 성장의 씨앗이 숨어 있습니다. 비즈니스 세계에서는 위기 상황에 함께 강해지는 조직이 승리합니다. 고운세상은 올리브영 퇴출이라는 위기에 맞서 뼈아픈 자기분석을 하며 꼴찌에서 벗어났습니다. 그리고 파워팩 재고 부족이라는 위기 앞에서는 모두 힘을 합쳐 문제를 해결하며 일등으로 올라설 수 있었습니다. 만약 문제를 외면하고 서로 비난하며 책임을 떠넘기기만 했다면, 우리는 결국 올리브영에서 퇴출되는 엔딩을 맞았을 것입니다.

이렇게 우리가 함께 만들어낸 승리의 기억은 모든 구성원의 DNA에 깊이 새겨졌습니다. 이러한 집단의 기억이 쌓이고 쌓여, 이제 어려운 상황이 닥치면 부서 구분 없이 전 직원이 나서서 문제를 해결하는 것이 고운세상의 전통이자 문화가 되었습니다. 고운세상이 올리브영 꼴찌에서 일등이 될 수 있었던 비결은 바로 이런 조직 문화입니다.

모든 위기는
더 큰 성장의 복선이다

저는 강원도 화천의 최전방에서 군 생활을 했습니다. 그곳의 겨울은 혹독했습니다. 영하 30도는 예사였으니까요. 일병 시절, 계곡에서 얼음을 깨며 스테인리스 식판을 닦던 기억이 아직도 생생합니다. 식판이 얼어 손에 달라붙으면 뜨거운 물을 주전자에 받아 녹여가며 한 시간씩 설거지를 하곤 했습니다.

지금은 그렇게 설거지를 하는 장병들이 없겠지만, 군복을 입은 20대들의 얼굴을 보면 그때 손에 쩍쩍 달라붙던 스테인리스 식판 생각이 나곤 합니다. 집을 떠나 단체 생활을 해야 했던 군 시절은 힘들기도 했지만, 내 손으로 나라를 지킨다는 자부심이 가득했던 젊은

날의 소중한 기억이기도 했습니다. 그래서 언제나 지금 군대에 있는 우리 장병들이 그 시간을 소중히 잘 보내길 바랍니다.

과거와 비교하면 군대가 많이 달라지기는 했습니다. 제가 군대에 있을 때만 해도 장병들의 월급도 많지 않았고, PX에서 파는 물건은 저품질에 저가라는 인식이 있었습니다. 그런데 그거 아십니까? 요즘 인터넷에서 PX나 군마트를 검색해보면 연관 검색어로 '화장품'이 뜹니다. 지금 PX 화장품은 가성비와 기능을 모두 잡은 인기 아이템이 된 지 오래입니다. 장병들이 사용할 뿐 아니라, 여자친구나 부모님 선물용으로도 인기가 많다고 합니다. 이 PX 화장품 열풍의 주인공이 바로 '닥터지 블랙 스네일 크림'입니다.

우리에게 잃을 인지도가 있나요?

닥터지 블랙 스네일 크림은 2023년 12월 기준 누적 판매량 3150만 개를 기록한 스테디셀러입니다. 고객들에게는 'PX 달팽이 크림'이라는 애칭으로 불리기도 합니다. 따로 광고도 거의 안 한 제품인데 이 정도 성과를 거둔 것은 업계에서도 이례적이라고 합니다.

원래 블랙 스네일 크림은 국군수도병원 PX에서만 제한적으로 판매하던 제품이었습니다. 하지만 크림을 써보거나 선물해본 장병들의 입소문을 타고 인기가 급상승하면서 전국 군부대 PX에서 입점 제안이 들어왔습니다.

당시 입점을 두고 내부에서는 반대가 많았습니다. PX에서 저렴하게 팔리면 브랜드 이미지에 타격을 줄 수 있다는 우려였습니다. 지금이야 PX 화장품이 인기를 끌고 있지만, 2016년에 닥터지가 처음 PX에 입점할 당시에는 이런 인식이 자리 잡기 전이었으니까요.

물론 타당한 걱정이었지만, 이는 어느 정도 인지도가 있을 때 할 수 있는 고민이라고 생각했습니다. 당시 닥터지는 지금처럼 대중적인 인지도가 높지 않았습니다. 그래서 저는 "우리 제품력과 장병들의 입소문을 믿어보자. 문제가 생기면 철수하면 된다"고 직원들을 설득하며 과감히 밀어붙였습니다. 지금 이대로는 현 상황에 안주할 뿐이었고, 우리에겐 새로운 돌파구가 필요했습니다. PX 입점은 그야말로 승부수였습니다.

결과는 성공적이었습니다. PX 대박으로 2016년 200억 원대였던 매출이 2018년에는 1000억 원대로 퀀텀 점프할 수 있었으니까요. 이런 성장의 요인은 두 가지였습니다. 우선, 닥터지 화장품의 제품력 자체가 탄탄했기 때문입니다. 원래 피부과 환자들을 위해 개발된 화장품인 만큼 남녀노소 누구나 트러블 걱정 없이 사용할 수 있다는 게 큰 장점이었습니다. 장병들과 군 가족들 사이에서 '직접 사용해 보니 좋더라'는 입소문이 퍼지기 시작했고, 휴가 때 부모님이나 여자친구에게 사다주는 선물로도 큰 인기를 끌었습니다. 그리고 운도 따랐습니다. 때마침 병장 월급이 21만 원에서 40만 원으로 두 배 가까이 오르면서 PX 화장품 구매 수요가 크게 늘어났기 때문입니다. 결국 PX 입점은 전략과 천운이 맞물린 '신의 한 수'였습니다.

수영장의 물이 빠져야 바닥이 드러난다

이렇게 닥터지 블랙 스네일 화장품은 2년 동안 PX 매출 1위를 기록하며 매출과 브랜드 인지도를 동시에 높였습니다. 하지만 이런 승승장구도 잠시, 2020년 코로나 팬데믹이 발생했습니다. 우리의 모든 일상이 멈추고, 회사는 어딘지도 모르는 불확실한 바다 한가운데 던져진 기분이었습니다. 당시 저는 회사 커뮤니티에 이런 글을 남겼습니다.

코로나로 인해 군 장병들의 휴가와 면회가 전면 금지되면서, 전년도 회사 매출의 3분의 2가 넘던 PX 매출이 급감했습니다. 올리브영과 해외 매출도 줄고 있습니다. 회사는 전면 재택에 들어가면서 내부 미팅은 물론 외부 거래처와의 미팅과 출장도 줄어들었습니다. 마치 할 일이 없는 것 같은 분위기입니다.

하지만 지금 할 수 있는 일이 없다고 가만히 있을 수는 없는 노릇이었습니다. 할 수 있는 일을 만들어야 했습니다. 저는 위기를 기회로 삼아 회사의 약점을 개선하자고 제안했습니다. PX 매출 의존도를 줄이고, 온라인 채널과 중국 시장을 비롯한 해외 시장을 키우는 계획을 세웠습니다. 야외 활동 감소로 선크림 판매가 줄어드는 것을 만회하고자 보습과 클렌징 제품군을 강화하는 전략을 세웠습니다.

결과적으로 그해 PX 매출 비중은 전체의 절반 이하로 줄었습니다. 하지만 온라인과 해외 시장에서 매출이 전년 대비 두 배 이상 늘며 회사 성장의 주축이 되었습니다. 특히 중국에서는 전년 대비 네 배 이상의 성장을 이뤘습니다. 예상대로 선크림 매출은 감소했지만, 보습과 클렌징 제품의 판매가 늘어나며 전체 매출의 66%를 차지했습니다. 결론적으로 코로나 위기에도 불구하고 회사 매출은 전년보다 많은 1555억 원을 기록했습니다.

그 경험을 통해 우리는 '위기'가 오히려 기업의 약점을 강화할 좋은 '기회'가 될 수 있다는 것을 배웠습니다. 사실 상황이 좋을 때는 혁신과 변화를 추진하기 어렵습니다. 구성원들이 변화의 필요성을 공감하지 못하기 때문입니다. 마치 수영장 물이 빠져야 바닥이 드러나듯, 문제도 마찬가지입니다. 모두가 그 문제를 눈으로 봐야 비로소 변화의 필요성을 느끼고 적극적으로 움직일 수 있습니다.

그렇게 코로나 사태를 맞아 우리는 한차례 자기 변화 과정을 거쳤습니다. 그리고 이때 감행한 우리 브랜드의 체질 개선은 곧이어 맞이할 더 큰 위기의 선행학습이 되었습니다.

PX 공급 중단 사태, 500억 매출이 날아가다

2022년, 우리 회사는 국군복지단으로부터 PX 제품 거래 중단이라는 청천벽력 같은 통보를 받았습니다. PX 화장품의 인기가 높아지다보니 리셀러들이 대량으로 물건을 사서 온라인으로 재판매를 하는 상황이 벌어졌고, 국군복지단의 '경쟁과열품목 집중관리제도'에 따라 결국 고운세상은 자진 해약 형식으로 다섯 개 품목의 공급을 중단하게 되었습니다. 회사 입장에서는 고가 라인 제품을 군 장병 복지 차원에서 높은 할인율을 적용해 판매한 것인데, 군 밖에서도 인기가 너무 높아지는 바람에 벌어진 아이러니한 위기였습니다.

4년 만의 계약 중단. 이는 매출의 3분의 1에 가까운 500억 원을 포기해야 한다는 이야기였습니다. 하필이면 제가 대표이사에 취임한 지 얼마 지나지 않아 닥친 일이어서 더욱 당황스러웠습니다. 지난 8년 동안 단 한 번의 멈춤 없이 이어온 32분기 연속 매출 성장이라는 기록이 깨지게 되는 것도 아쉬웠지만, 무엇보다 구성원들의 사기가 떨어질 것이 더 걱정되었습니다. 조직의 사기는 한번 꺾이면 좀처럼 회복하기 어렵기 때문입니다.

저는 모든 구성원에게 솔직하게 상황을 공유하는 길이 최선이라는 판단이 들었습니다. 구성원들이 정보를 공유하는 순간, 모두가 문제의 주인이 됩니다. 그리고 그 문제는 함께 해결해야 할 과제가 됩니다. 우선 국방부 공문을 리더들에게 즉시 공유하고, PX 공급 중단에 따른 대책을 전 직원에게 공지했습니다.

다행히도 우리에게는 코로나라는 위기 상황에서 PX 매출 의존도를 크게 낮추고 온라인과 해외 시장이라는 새로운 성장 동력에 과감히 투자한 경험이 있었습니다. 그때 매출 하락에 대응해 온라인과 해외 시장을 개척해두지 않았다면, PX 공급 중단이라는 뜻밖의 위기에 손을 놓고 우왕좌왕하고 있었을 것입니다. 하지만 코로나 사태를 통해 우리가 배운 교훈은 당장의 매출 이익에 연연하지 말고, 이럴 때일수록 장기적인 비전을 가지고 변화를 추진해야 한다는 것이었습니다.

그해 우리는 사업 계획에서 매출과 이익 목표를 낮췄지만, 인력과 마케팅 투자는 오히려 늘렸습니다. 군납 외의 다른 채널에서 성장을 이끌어낼 수 있다는 확신이 있었기 때문입니다. 고운세상의 모든 구성원들이 회사의 위기를 극복하기 위해 눈물겨운 노력을 기울였습니다.

우선 군 장병임을 입증하면 이용할 수 있는 '온라인 PX'관을 개설했습니다. PX에서 인기 있던 닥터지 제품을 편리하게 구매할 수 있도록 한 것입니다.

이익보다는 기존에 닥터지를 사용해오던 군 장병들이 여전히 시중가 대비 저렴하게 제품을 구매할 수 있도록 하는 데 초점을 맞추었습니다. 그리고 '네고왕 프로모션 대성공', '짱구 캐릭터 컬래버레이션을 통한 올리브영 기네스 매출 달성', '두피랩과 배리어D 보습 라인의 약진', '일본, 홍콩, 동남아 시장 내 400% 성장' 등 기대 이상의 성과들이 잇따라 이어졌습니다.

그렇게 정신없이 보낸 한 해를 돌아보니, 군납 매출이 크게 감소했음에도 불구하고 오히려 전년보다 더 좋은 성과를 이루어냈습니다. 결국 그 모든 위기는 닥터지의 더 큰 성장을 위한 복선이었던 것입니다.

그리고 2024년, 우리 브랜드는 다시 PX에 입점할 수 있었습니다. 들리는 이야기로는 PX에서 닥터지 제품을 다시 구매할 수 있길 바라는 장병들이 많았다고 합니다. 다시 군 장병들에게 좋은 제품들을 선보일 수 있게 되어서 기뻤습니다. 그사이 우리의 블랙 스네일 크림은 혹독한 시련을 거치며 '로열' 블랙 스네일 크림으로 한 단계 더 업그레이드됐습니다. 이렇게 닥터지 블랙 스네일 크림의 성공 스토리는 현재진행 중입니다.

위기는 성장의 마중물이었습니다.

아이를 잘 낳는 회사,
출산율 1위 기업의 비결

뿜식이, 콩듀, 둥둥이, 루뚜, 소랑이, 꿀짱이, 민둥이, 찰떡이, 행복이, 이준이, 하엘이, 깜찍이, 랑이, 찰떡이, 꼬동이, 생강이, 토미, 감동이, 군이2호, 아콩이, 심쿵이, 굳건이, 보석이, 토닥이, 알감이, 쑥쑥이, 또복이, 딸기, 일출이……

고운세상에서 태어난 아기들의 태명입니다. 직원 수 200명 남짓한 회사에서 1년 반 사이에 스물여덟 명의 새 생명이 탄생했습니다. 구매팀에서는 팀원 절반이 출산휴가에 들어가자, "구매팀장 제임스의 코를 만지면 아이가 생긴다"는 우스갯소리까지 돌았습니다. 나중에 제임스도 결혼 1년 만에 아기가 생겼다는 기쁜 소식을 전했습니다.

고운세상의 임직원 합계출산율은 2022년 기준 2.7명입니다. 이는 같은 해 우리나라 평균인 0.78명보다 3.5배 높은 수치입니다. 고운세상이 만들어낸 작은 기적입니다. 저는 부모가 행복하고 안정감을 느낄 때 아이를 낳고 키우겠다는 결심을 한다고 생각합니다. 인간은 자신의 생존이 어려운 경우에는 절대 재생산을 우선하지 않기 때문입니다. 그래서 초저출산 시대에 우리 회사에 아기가 태어난다는 소식은 우리 구성원들이 물질적·정서적으로 안정되어 있다는 소식 같아 제 일처럼 기쁩니다.

고운세상은 2024년 'GPTW Great Place To Work'가 주관하는 '대한민국 부모가 가장 일하기 좋은 기업'으로 선정되기도 했습니다. 이는 직원 설문 결과를 바탕으로, 워킹맘과 워킹대디 비율이 30% 이상인 기업 중 특정 항목에서 높은 점수를 받은 기업에게 주어지는 타이틀입니다.

워킹맘과 워킹대디가 맘 놓고 일할 수 있도록

소중한 새 생명의 탄생은 언제나 기쁜 소식이지만 한편 무거운 책임 감으로 다가오기도 합니다. 하루는 회사 밴드에서 채용홍보팀 직원 이 '워킹맘의 하루'에 대해 쓴 글을 읽었습니다. 그 직원은 매일 아침 6시에 일어나 딸을 깨워 밥을 먹이고 어린이집에 등원시킨 뒤 출근 합니다. 퇴근 후 딸과 놀아주고 아이를 목욕시키고 재우면 밤 11시 가 됩니다. 전쟁 같은 삶을 살아가고 있는 것입니다. 워킹맘들의 삶 을 잘 몰랐던 저는, 그들의 일상을 글로 접하고 나니 마음이 먹먹해 졌습니다.

실력 있고 장래성 있는 직원이 육아와 출산 등의 제약으로 인해 업무에 집중하지 못한다면, 이는 회사뿐 아니라 국가적으로도 손실 입니다. 이를 막기 위해 고운세상에서 처음 도입한 것이 선택적 근 로시간제였습니다. 10시부터 4시까지의 코어 타임을 제외한 나머지 시간을 유연하게 사용할 수 있게 하는 제도인데, 특히 아이를 키우 며 먼 거리를 출퇴근하는 직원들에게 호응이 컸습니다.

그 외에도 주 2회 재택근무, 임신 기간 내내 두 시간 단축근무, 육 아휴직 최대 2년 보장을 비롯해, 배우자가 임신했을 경우 막달 두 시 간 단축근무, 정기검진 동행 휴가, 출산 시 15일 휴가 등의 복지 제도를 도입했습니다. 또한 본인 또는 배우자 난임 치료비 지원, 출산 휴가 직원의 업무 공백을 메워주는 서포터즈 지원금, 자녀 첫걸음 휴가 등도 추가해 매년 다양한 정책을 업그레이드하고 있습니다. 임신기부터 복직 이후까지 임신과 육아 관련 생애주기 동안 워킹맘과 워킹대디들이 아이를 키우며 업무에 집중할 수 있도록 설계된 제도입니다.

그리고 직원들은 이런 제도들이 유지될 수 있도록 회사의 성과를 내기 위해 최선을 다합니다. 육아휴직을 다녀온 직원들이 자기 자리가 남아 있을까 걱정하지 않아도 됩니다. 남아 있는 동료들이 그 기간 동안 회사를 성장시키리라는 것을 믿기 때문입니다. 이것이 대한민국 최고 생산성을 지닌 기업의 비밀입니다.

출산과 육아는 최고의 리더십 훈련이다

첫아이가 태어났을 때의 설렘과 불안을 떠올려봅니다. 부모가 된다는 건 말 그대로 완전히 낯선 세상으로 들어서는 것과 비슷합니다. 갑작스러운 전출로 주말 아빠가 되었을 때도 생각해봅니다. 좋은 아빠가 되지 못할 수도 있다는 두려움과 미래에 대한 불안이 제 마음속에 자리 잡고 있었습니다. 그렇지만 역설적이게도 사회적으로 모든 것을 잃었던 그 시기에 그것보다 더 소중한 가족의 가치를 되찾을 수 있었습니다.

우리 회사의 여러 제도는 이제 막 부모가 된 이들을 응원하지만, 그렇다고 그들의 불안을 완전히 씻어주지는 못합니다. 특히 우리 사회는 경쟁적이고 빠르게 변합니다. 이런 환경 속에서 출산과 육아라는 낯선 과제를 떠안은 이들에게는 더욱 특별한 응원이 필요합니다.

그래서 저는 출산휴가에 들어가는 직원들에게 이렇게 말합니다.

"아이를 키우는 동안에는 회사 생각 말고 아이에게 온전히 집중해라. 당신이 없는 동안 동료들이랑 회사 더 키워놓을 테니까, 돌아왔을 때 자리가 없을까 걱정하지 말고."

그리고 이렇게 덧붙입니다.

"아이를 키우는 경험은 최고의 리더십 훈련이다."

사실, 아이는 지금까지 우리가 회사에서 경험한 어떤 구성원보다도 다루기 어려운 상대입니다. 그렇기 때문에 육아를 해낸다는 것은 리더십의 '만렙'을 찍었다는 것과 같습니다. 아이를 통해 기를 수 있는 리더십은 다음과 같습니다.

첫째, 정서적 인지 감수성이 높아집니다. 갓 태어난 아이는 말을 하지 못하기 때문입니다. 부모는 말이 통하지 않는 아이의 감정과 생각을 이해하고, 이를 바탕으로 소통하는 법을 배워야 합니다. 이 과정에서 인내심과 유연성이 길러지고, 정서적 공감 능력이 발달합니다. 이는 팀원들과의 관계를 더욱 원활하게 하고, 소통을 촉진하는 리더십을 형성하는 데 큰 도움이 됩니다.

둘째, 배려심과 포용력을 기르게 됩니다. 아이를 키우는 경험은 타인을 사랑하는 법을 배우는 최고의 훈련입니다. 부모가 되는 순간, 우리는 태어나서 처음으로 한 존재를 무조건적 사랑으로 품게 됩니다. 작은 변화와 필요에도 민감하게 반응하게 됩니다. 이런 경험을 한 사람은 타인의 다양성을 인정하고, 배려하며, 포용하는 법을 알게 됩니다. 이는 리더에게 큰 무기이자 덕목입니다.

셋째, 회사뿐 아니라 세상에 대한 메타인지가 늘어납니다. 이전의 세상이 '나'를 중심으로 한 세상이었다면, 육아를 통해 바라보는 세상은 '우리'의 세상입니다. 나의 현재뿐 아니라 아이가 살아갈 미래까지도 염두에 두게 됩니다. 이런 새로운 시각과 경험은 문제를 다양한 관점에서 바라보는 능력을 키워줍니다. 리더에게는 이러한 덕목이 다양한 의견을 수용하고, 더 넓은 시각에서 결정을 내리는 데 도움이 됩니다.

실제로 2년이 넘는 출산휴가와 육아휴직을 마치고 돌아온 한 직원은 1년 만에 M직급으로 승진했습니다. M은 'Masters'의 M입니다. 이 직급은 지금까지 고운세상에서 여덟 명밖에 배출되지 않은, 회사가 인정한 해당 직무 최고 전문가들입니다. 본인이 자발적으로 지원해서 엄격한 심사를 통과해야만 합니다.

그는 저가 라인과 고가 라인을 넘나들며 제품 론칭을 성공적으로 이끄는 한편, 함께 일하는 후배들에게 본인의 노하우를 전수해주며 선배 역할도 톡톡히 하고 있습니다. 육아휴직 이전보다 시야도 훨씬 더 넓어지고 일에 대한 몰입도와 자신감도 확연히 향상되었습니다. 자기 딸이 쓸 수 있는 좋은 제품을 만들어야겠다는 사명감도 생겼다고 했습니다.

아이를 낳고 기르는 일은 분명 힘들지만, 그만큼 부모도 성장하게 됩니다. 출산과 육아가 어렵게 느껴질 때마다, 이것이 한 인간으로서 더 나은 단계로 나아가는 최고의 리더십 훈련이라고 생각하면 조금은 위로가 되지 않을까요? 두 아이를 키우는 아빠 선배로서 여러분의 리더십 훈련을 응원합니다.

아이를 낳고 싶어하는 사회가 건강한 사회다

부모로서 아이를 키운다는 것은 크나큰 기쁨이지만, 동시에 과거의 자신과 이별해야 하는 고통스러운 시간이기도 합니다. 육아 중인 직원에게 물어보면, 하루 종일 정신없이 아이를 돌보다보면 문득 '내가 정말 회사에서 일했었나?' 하는 생각이 든다고 합니다. 그리고 회사를 떠올리면, '나 없이도 회사가 잘 돌아가는구나'라는 허탈감이 밀려오거나 '동료들이 나를 잊지 않았을까?', '다시 회사로 돌아가도 괜찮을까?' 하는 걱정이 생긴다고 합니다.

그래서 고운세상은 직원들에게 선물을 줄 때면 육아휴직 중인 직원들도 똑같이 챙기고, 연말 송년회에도 초대합니다. 우리가 잊지 않고 기다리고 있다는 사실을 알려주기 위해서입니다. 그리고 회사로 복귀했을 때도 개인의 능력에 맞춰 중요한 업무에 바로 투입될 수 있도록 합니다.

출산과 육아가 자신이 회사에서 존재할 자리를 빼앗는 것이 아니라는 것을 인지해야, 가정에서도 회사에서도 불안한 마음을 내려놓고 최선의 성과를 낼 수 있기 때문입니다. 누구에게나 인생에서 힘든 시간은 찾아옵니다. 이때 서로가 서로를 지켜주고 보호해준다는 공동체의 신뢰가 있다면, 우리는 불안해하기보다 성장하는 길을 선택합니다.

사실, 이런 정책을 실행하는 것은 회사 입장에서 쉽지 않은 일입니다. 생산성에 대한 우려도 있고, 자녀가 없는 직원들과의 형평성 문제, 협업의 어려움 등 여러 현실적인 고민이 따르기 때문입니다. 하지만 그럴수록 전 구성원과 충분한 논의를 거쳐 모두가 공감할 수 있는 지혜로운 대안을 찾는 것이 중요합니다. 무엇보다 회사와 가정 사이에서 고통 받는 직원이 없도록 하는 것을 최우선으로 삼아야 합니다. 현대인에게는 두 가지 모두 포기할 수 없는 소중한 가치이기 때문입니다.

아이를 낳고 키우고 싶어하는 사회가 건강한 사회입니다. 지금도 고운세상에서는 새로운 생명이 무럭무럭 자라고 있습니다. 그들이 살아갈 세상이 더 나은 곳이 될 수 있도록, 고운세상의 엄마 아빠들은 오늘도 열심히 일하고 있습니다. 그리고 지금 이 순간, 직장을 잠시 떠나 아이를 키우며 분투하고 있는 모든 분들께 진심 어린 응원과 격려의 마음을 전합니다. 여러분은 더 나은 존재가 되어 회사로 돌아올 것입니다.

성장:
상처가 우리를
단련한다

우리는 모두
상처 입은 치유자다

예전 회사를 다닐 때 같은 부서에 저를 불편하게 만드는 동료가 있었습니다.

늘 활발하고 어디서나 나서기를 좋아하는 사람이었습니다. 가끔 사람들 앞에서 저를 놀리는 투로 농담을 하곤 했습니다. 물론 그 말들에 악의는 없었습니다. 그저 명랑하고 장난기 많은 사람이었을 뿐입니다. 그런데 이상하게도 그 친구의 행동들이 저에게는 불편했습니다.

팀 워크숍을 간 날이었습니다. 밤에 촛불을 켜고 앉아 각자의 어린 시절 이야기를 나누게 되었습니다. 그 친구는 어린 시절 부모님과 떨어져 시골 할머니 손에서 자란 이야기를 했습니다. 부모님을 그리워하며 보낸 가슴 아픈 유년의 기억들이었습니다.

그제야 깨달았습니다. 왜 제가 그 친구에게서 불편함을 느꼈는지를 말이죠. 제 안의 '주목받고 싶어 잘난 척하는 어린아이의 모습'이 그에게 있었기에, 그가 그렇게 불편했던 거였습니다.

지금 그 아이는 어디에 있을까

어린아이에게 부모는 하나의 세계입니다. 아이는 자신이 부모를 사랑하는 만큼 부모도 자신을 사랑할 것이라고 믿습니다. 이 믿음이 깨지는 순간 아이는 부모와 이어져 있지 않고 떨어져 있다는 '분리감'을 강하게 느낍니다.

제가 태어나기 전, 부모님은 원주 미군부대 앞에서 세탁소를 운영하셨습니다. 하지만 어머니가 계를 잘못 들어 가게를 잃게 되고, 결국 횡성 태기산 아래 화전민 마을로 이사하게 되었습니다. 저는 그곳에서 태어났습니다.

다섯 살 때, 어머니가 집을 나가셨습니다. 아버지의 반복되는 폭력을 견디지 못하고 친척 집으로 몸을 피하신 겁니다. 어린 저는 세

살 많은 누나의 손을 잡고 매일 버스 종점에서 오지 않는 어머니를 기다리곤 했습니다. 해 질 녘 버스 정류장의 쓸쓸한 풍경은 지금도 저를 이루는 기억 중 하나입니다.

세 달 뒤, 어머니는 집으로 돌아오셨습니다. 그러나 아버지의 폭력은 계속되었지요. 제가 초등학교 1학년 때, 어머니는 횡성 읍내로 이사해 시외버스 터미널에서 식당을 운영하며 우리를 키우셨습니다. 아버지는 시골에 남아 흑염소, 식용달팽이, 양어장 등 여러 사업을 시도하셨지만, 그 결과는 늘 실패였습니다. 아버지가 한 달에 한 번 집에 오시면 가족들은 그를 반기지 않았습니다. 술에 취한 아버지의 폭력 때문이었습니다.

저는 불안정한 정서를 지닌 채 고등학생이 되었습니다. 야간 자율학습을 마치고 막차에 오를 때면 간절히 기도하곤 했습니다. 제발 이 버스가 뒤집혀 죽었으면 좋겠다고요. 부모님이 싸우는 모습을 더는 보고 싶지 않았기 때문입니다.

그렇게 어른이 된 저는 남들보다 강해 보이려 하고, 잘난 척하기를 좋아하는 사람이었습니다. 다른 사람을 수시로 무시하면서도 제가 조금이라도 무시를 당하면 화를 내곤 했습니다. 자신이 사랑받아 마땅한 사람이라는 확신이 없었습니다. 무가치한 존재가 되어 남들에게 얕보일까봐, 버림받을까봐 늘 두려웠습니다. 매일 저녁 버스 정류장에서 엄마를 기다리던 다섯 살 아이는 늘 그렇게 제 안에 웅크리고 있었습니다.

트라우마는 '상처'를 뜻하는 그리스어 '트라우마트traumat'에서 유래한 말입니다. 이 세상에 트라우마가 없는 삶이 있을까요? 자신에겐 트라우마가 없다는 사람은, 사실은 아직 마음속 깊이 묻혀 있는 상처들을 발견하지 못한 것이라고 생각합니다. 우리는 누구나 트라우마를 안고 살아갑니다. 이 트라우마가 만들어내는 존재가 바로 '내면아이'입니다.

어릴 적 상처를 방치한 채 어른이 되면, 그 상처는 나를 통해 드러납니다. 어떤 사람들은 싫어하던 부모의 모습을 직장 상사에게 투영하기도 하고, 또 누군가는 주변 사람들을 서열화하며 심리적 안정감을 찾기도 합니다. 우리는 모두 겉으로는 성숙한 어른처럼 보이지만, 사실은 넥타이 매고 사무실에 출근하는 어린아이들입니다. 다들 사랑받고 싶어하지만, 겉으로는 아무렇지도 않은 척 하루를 보내고 있는 거죠. 언젠가 누군가는 이런 나라도 아낌없이 사랑해주길 기다리면서요.

나는 나 자체로 충분한 존재다

저는 그리스신화에 나오는 미케네, 아르고스, 스파르타 왕인 오레스테스의 이야기를 좋아합니다. 오레스테스의 가문은 대대로 저주를 받습니다. 선조인 탄탈로스가 신들의 예지력을 시험하려다 신들에게 미움을 샀기 때문입니다. 그 저주로 인해 오레스테스의 어머니 클리타임네스트라는 정부와 함께 남편 아가멤논을 살해하고, 이 사실을 안 아들 오레스테스는 누나 엘렉트라와 함께 어머니를 단죄합니다.

어머니를 죽인 후, 오레스테스는 머릿속에서 울려 퍼지는 복수의 여신의 목소리에 시달리며 광인이 되어 세상을 떠돌았습니다. 훗날 재판이 열리고, 그 자리에서 아폴론은 '이 모든 일은 신들의 잘못으로 벌어진 일'이라고 오레스테스를 변호합니다. 하지만 이때 오레스테스는 이렇게 말합니다.

"내 어머니를 죽인 것은 신들이 아니라 나입니다."

그때 신들은 그를 용서하고, 그 가문의 저주를 거두어 갑니다. 지금까지 신을 탓하지 않고 책임을 떠안은 이는 그 가문 중 아무도 없었기 때문입니다. 저주가 사라지자 오레스테스의 머릿속을 괴롭히던 목소리는 곧 지혜롭고 자비로운 목소리로 변했습니다.

『아직도 가야 할 길』을 쓴 정신과 의사 M. 스콧 펙 박사는 자신의 조건을 스스로 받아들이고 책임을 떠맡아야 한다는 것을 깨닫는 데에서 치유가 시작된다고 했습니다. 누군가를 탓하기는 쉽습니다. 우리는 대부분 자신에게 상처를 남긴 존재를 끊임없이 비난하며 살아갑니다. 하지만 극복을 위한 변화는 자신이 어쩔 수 없었던 일들에 대한 비난을 멈추는 순간 시작됩니다.

저 역시 마음속 목소리에 시달리던 시기가 있었습니다. 아버지에 대한 원망과 분노였습니다. 이 목소리는 끊임없이 어린 자신을 괴롭혔고, 어른이 되어서도 끊임없이 들려왔습니다. 시험에 떨어졌을 때는 시험이 어려워서, 진급에서 누락되었을 때는 상사의 평가가 불공정해서, 회사에서 내쫓겼을 때는 회사가 불합리해서 등등, 나의 모든 불행이 외부로부터 왔다고 생각하며 세상에 화를 내고 운명을 원망했습니다.

하지만 모든 비난을 내려놓고 모든 일에 대한 책임을 내 몫으로 돌리는 순간, 마치 오랜 저주가 풀린 것 같았습니다. 머릿속 타인을 비난하는 목소리가 사라지자 문제를 바라보고 해결할 힘이 생겼습니다. 그러자 저는 누군가를 기쁘게 할 필요도, 누군가에게 인정받을 필요도 없이 이미 그 자체로 충분한 존재라는 것을 깨달았습니다. 나 자신에게 완전한 사랑을 줄 수 있는 존재는 바로 나 자신이었고, 제 내면아이는 바로 그 조건 없는 사랑을 기다리고 있었던 것입니다. 제 인생의 모든 것은 결국 저의 책임이었습니다.

지금도 가끔 마음속 목소리가 들릴 때가 있습니다. 싫어하는 사람을 만나거나, 인정받지 못했다는 생각이 들면 울컥하고 부정적인 감정이 올라옵니다. 그럴 때마다 저는 내면아이에게 가만히 물어봅니다.

"지금 왜 화가 났니?"
"무엇이 널 불편하게 했니?"

왜냐하면 이 마음은 외부에서 온 것이 아니라 내면의 아이가 보내는 신호이기 때문입니다.

이 아이는 여러분이 자신을 들여다봐주길 바랍니다. 그래서 떼를 쓰고 화를 내는 것입니다. 그렇다고 아이에게 화를 낼 수는 없습니다. 어른들은 어린아이가 투정을 부리면 그러려니 합니다. 같이 화 내고 싸우지 않습니다. 내면아이도 그렇게 돌봐야 합니다. 그것만으로도 아이는 정서적 안정을 찾습니다. 이 아이를 행복하게 만들 수 있는 존재는 자기 자신밖에 없습니다.

트라우마는 내 훈장이다

과거에서 비롯된 트라우마는 쉽게 사라지지 않습니다. 제 어린 시절의 기억들 역시 아직도 마음 한구석에 남아 있습니다. 이 상처는 언제든지 저를 다시 괴롭힐 수도 있습니다. 그러나 지금의 저는 그 상처에 감사합니다. 그 상처가 있었기에 제 내면을 들여다보고 타인의 아픔을 이해하는 법을 배울 수 있었기 때문입니다. 만약 트라우마가 없었다면, 저는 저 잘난 맛에 사는 '재수 없는' 어른이 되었을 것입니다. 그리고 만약 트라우마를 받아들이지 않았다면 세상에 대한 반감으로 가득한, 늘 불행하고 불쾌한 사람이 되었을 것입니다.

그래서 저는 이제 제 상처를 훈장처럼 여깁니다. 그리고 상처 입은 자의 특권으로, 저와 비슷한 상처를 가진 사람들을 돕고자 합니다. 그것이 제 삶에 의미를 부여하고, 제가 살아온 과거를 더 나은 미래로 만들어가는 일이기 때문입니다.

'이런 나라도' 누군가가 사랑해주고 아껴주길 바라시나요? 이렇게 하면 사랑받고, 이렇게 하면 인정받을 거라고 생각하며 애쓰고 계신가요? 상대방 또한 같은 생각을 하고 있을 겁니다. 지금이라도 자기 자신에게 아낌없는 사랑을 주세요. 인생의 목적은 거대한 것에 있지 않습니다. '나'라는 아이가 행복할 수 있도록 잘 돌보며 하루하루 살아가는 것, 그것이 바로 인생입니다.

나다울 때가
가장 아름답다

저는 언제나 우리 회사 직원들에게 많은 것을 배웁니다. 어느 날, 직원들이 새로운 색조 브랜드를 만들고 싶어했습니다. 더마코스메틱 브랜드인 닥터지에서 색조 브랜드를 성공적으로 론칭할 수 있을지 고민하던 중, 해당 브랜드 론칭 담당 직원이 링크드인에 올린 글을 읽고 생각이 달라졌습니다. 그 글에는 '나다운_것이_가장_아름답다'라는 해시태그가 붙어 있었습니다.

우리는 늘 나다운 것이 중요하다며, 누구나 자신만의 이야기를 만들어나가라는 말을 듣습니다. 하지만 현실은 대한민국에서 우울증을 가장 많이 앓고 있는 집단이 바로 20대 여성이라는 것입니다. 사회적으로 가해지는 외모에 대한 압박과 서로 비교하며 열등감을 부추기는 SNS 문화 탓이 결코 작지 않을 것입니다. 이러한 문제를 언급한 그 직원은 이어서 "가장 아름다워야 할 순간에 자신이 아닌 타인의 시선에 휘둘리는 사람들이 이 브랜드를 통해 치유받을 수 있으면 좋겠다"고 썼습니다.

　그 글을 읽으며 많은 생각이 들었습니다. 사실 우리는 다른 사람을 의식하느라 자신을 잃어버리는 경우가 많습니다. 우리에게 부여된 역할에 치여 내면의 나를 돌볼 시간이 부족해지고, 자기 본연의 아름다움을 알지 못한 채 살아갑니다. 심지어 지금 내가 원하는 것이 나의 욕망인지, 타인의 욕망인지도 모르는 상태로 말입니다. 우리에겐 나다움을 찾는 모험이 필요합니다.

방황은 나다움을 찾는 모험이다

가끔 취업 준비생의 진로 고민 메일을 받을 때가 있습니다. 진로 고민은 삶에서 당연한 과정입니다. 사람은 누구나 천직을 찾기 전까지 방황합니다. 그렇기 때문에 젊은 시절의 방황은 자연스러운 일입니다. 그 방황은 '무엇이 나를 진정 행복하게 하는가'를 찾아가는 시간입니다. 나다움을 찾는 모험의 시간입니다.

중요한 것은 다른 사람의 기대가 아니라 '내 마음을 따르는 일을 하겠다'는 신념을 잃지 않는 것입니다. 그러면 설사 다른 것을 얻지 못하더라도 최소한 자신의 삶은 얻게 될 것이기 때문입니다.

우리는 어린 시절부터 부모님이나 선생님에게 절대적인 영향을 받으며 자랍니다. 그래서 그들이 원하는 것이 곧 내가 원하는 것이라 착각하며 살기 쉽습니다. 좋은 대학, 대기업, 멋진 배우자, 넓은 집 같은 것들이 우리의 욕망이라 생각하게 되는 이유입니다. 어른이 되어서도 미디어나 SNS가 조장하는 욕망을 자신의 것으로 착각하기도 합니다. 이 욕망이 진짜 자신의 욕망인지 알아보기 위해선 방황이 필요합니다.

방랑하는 시간은 긍정적인 시간이다. 새로운 것도 생각하지 말고, 성취도 생각하지 말고, 하여간 그와 비슷한 것은 절대 생각하지 마라. 그냥 이런 생각만 해라. '내가 어디에 가야 기분이 좋을까? 내가 뭘 해야 행복할까?'

조지프 캠벨, 『신화와 인생』에서

한번은 독일 쾰른에서 열린 전시회에 참석했다가 어느 주말 아침,

무작정 기차역으로 향했습니다. 가장 먼저 출발하는 기차를 타고 도착한 곳은 트리어라는 작은 마을이었습니다. 마침 와인 축제가 한창이었습니다. 그곳은 바로 많이들 아는 국산 와인인 마주앙의 시초, 모젤 와인의 본고장이었습니다.

아침 일찍 호텔을 나서느라 식사도 거른 채였기에 축제에서 나눠주는 와인 한 모금과 빵 한 조각이 그렇게 달콤할 수가 없었습니다. 예수님이 최후의 만찬에서 빵과 와인을 나누셨던 것처럼, 그 빵과 와인이 저의 몸과 마음을 채워주었습니다. 허기를 면한 뒤엔 흥이 올라, 마을 주민들과 어깨동무를 하고 춤을 추며 축제를 즐겼습니다. 지금까지 한 번도 느껴보지 못했던, '살아 있다'는 감각을 느꼈습니다.

'실존하다exist'라는 말의 어원은 '바깥에 서다'라는 뜻의 라틴어 '엑스시스테레ex-sistere'라고 합니다. 낯선 곳에 가서 처음 보는 사람들과 섞여 있는 나를 발견하는 건 또 다른 나와 마주하는 모험입니다. 그리고 주변인이 되었을 때 우리는 비로소 실존하는 나 자신을 만날 수 있습니다. 누구나 자신의 진짜 욕망을 확인하는 시간이 필요합니다. 자신을 찾기 위한 모험은 시간 낭비가 아니라 진짜 자신을 찾는 소중한 여정입니다.

성장을 불러온 '이직'이라는 모험

마크 트웨인의 소설 『톰 소여의 모험』은 어린 소년 톰의 모험담입니다. 저도 어렸을 때 그 소설을 읽으며 신나는 모험을 꿈꿨습니다. 하지만 어른의 삶에도 모험은 있습니다. 바로 '이직'입니다. 사회 초년생의 이직은 작은 뗏목을 타고 큰 바다로 향하는 것과 같습니다.

제 첫 모험은 대기업을 나와 수원에 있는 DMS로 이직했을 때였습니다. 대기업은 안정적이었지만, 일에서 의미를 찾기 어려웠습니다. 그래서 이직한 DMS는 LCD 패널 제조 장비를 만드는 신생 회사로, 회계팀은 저와 주니어 한 명뿐이었습니다. 당시 서른두 살이었던 저는 패기에 넘쳤고, 매일 야근과 철야를 마다하지 않고 일했습니다. 그리고 그 이듬해, 회사를 코스닥 시장에 상장하는 성과를 거두었습니다.

그 후 몇 번의 이직을 거치며 자존감이 낮아지고 있을 때였습니다. 마침 제 발로 나온 DMS에 다시 돌아갈 기회가 생겼습니다. 한때 애정을 바쳤던 회사가 은행과 환계약을 잘못하는 바람에 큰 위기에 빠졌다는 말에 제 모험심이 다시 불타올랐습니다. 아내에게는 "만약에 회사가 잘못되면 난 회사 야전침대에서 생활할 테니, 당신은 애들 데리고 처가에 가 있어"라고 말하며 각오를 다졌습니다.

결론적으로 잘못된 선택이었습니다. 격류에 휩싸인 뗏목처럼 제 인생은 원치 않는 방향으로 흘러갔습니다. 회사는 3년의 길고 지루한 법정 공방 끝에 대법원에서 패소했고, 저는 공장으로 좌천되었다가 결국 온몸으로 사랑했던 회사에서 내쫓기는 신세로 전락하고 말았지요. 그다음으로 이직한 회사에서는 갑자기 해외영업 업무를 맡았습니다. 생소한 업무에 극도의 스트레스로 공황장애가 찾아왔습니다. 그래도 꾸역꾸역 3년을 버텼습니다. 그리고 마침내 제가 탄 뗏목은 고운세상에 도착했습니다.

고운세상에 최고재무책임자^{CFO}로 합류했지만, 직전 회사에서 해외영업을 경험했기에 공석인 해외영업팀장 대리 역할도 병행하게 됐습니다. 그러다 사업부 전체를 총괄하는 최고운영책임자^{COO} 역할을 겸하게 되었고, 마침내 대표이사 자리까지 오르게 되었습니다. 이전 회사에서 3년을 버틴 것이 더 많은 기회를 열어준 셈입니다. 그때 해외영업 업무를 하지 않았다면 지금의 자리에는 오르지 못했을 수도 있으니까요.

돌아보면 제 직장 생활은 방황과 모험의 연속이었습니다. 좌초되어 무인도에 갇히기도 했고, 여러 번 침몰할 위기를 겪었습니다. 하지만 그 모험이 있었기에 저는 다양한 경험치를 쌓을 수 있었고, 다른 사람들의 성장을 돕는 사람이 되고자 마음먹게 되었습니다. 이직이라는 모험을 통해 결국 가장 나다운 길을 찾을 수 있었던 것입니다.

가짜 욕망은 비루함을 불러일으킨다

"형한테 전화 좀 해라."

우리 모두에게는 '트리거'가 되는 말이 하나씩 있을 겁니다. 제게는 형한테 전화 좀 하라는 어머니의 말이 그랬습니다. 그 말만 들으면 화가 치밀어 올랐습니다. 마치 제 존재를 부정당하는 것 같은 기분이 들었기 때문입니다.

어머니는 남편의 가정폭력을 견디며 어떻게든 생계를 이어가고 세 아이를 키워야 했습니다. 남편에게 의지하지 못하는 마음을 채워주는 존재가 바로 맏아들이었습니다. 집안의 모든 것은 장남인 형을 중심으로 흘러갔습니다. 그리고 저는 있으나 마나 한 존재였습니다. 형 앞에서는 말조차 제대로 못 하고 늘 기가 죽어 지냈습니다. 하지만 제가 유일하게 어머니의 관심을 받는 날이 있었습니다. 바로 학교에서 우등상을 받아 오는 날이었습니다.

이런 성장 과정을 겪은 저는 나중에 어른이 되어서도 성과에 집착하게 되었습니다. 상사에게 관심과 인정을 받지 못하면 불안했습니다. 그래서 어머니에게 "형한테 전화 좀 해라"라는 말을 들을 때마다, 관심 받고 싶어 전전긍긍하던 어린 제 모습이 떠올라 마치 버튼 눌린 자동인형처럼 화가 났던 것입니다.

인생에서 가장 힘든 시기를 보낸 3년 동안 1000권의 책을 읽으며 무엇이 저를 비참하게 만드는지 가만히 제 내면을 들여다봤습니다. 그 안에는 형에게 어머니를 빼앗긴 어린 제가 들어 있었습니다. 저는 그 아이에게 다가가 말을 걸었습니다. "어머니가 형만 예뻐해서 네가 많이 속상했구나. 사실 어머니는 너도 형만큼 사랑하셨어. 내가 부모가 되어보니까 자식은 모두 똑같이 예쁘더라고." 그때부터 형 앞에서 움츠러들어 있던 제 안의 어린아이는 조금씩 자라기 시작했습니다. 그리고 그다음부터는 어머니의 그 말에도 더 이상 화를 내지 않게 되었습니다. 저는 더 이상 형에게 기가 죽고 어머니의 관심을 받고 싶어 전전긍긍하던 그 어린아이가 아니기 때문입니다.

스피노자는 그의 책 『에티카』에서 "비루함이란 슬픔 때문에 자기에 대해 적정 이하로 하찮게 여기는 것이다"라고 설명했습니다. 타인의 인정에 연연하는 것은 진정한 자신의 욕망이 아닌 가짜 욕망입니다. 가짜 욕망은 밑이 빠진 항아리와 같습니다. 아무리 채우더라도 만족감이 아닌 비루함만을 불러일으킵니다.

　전래동화에 박씨 부인 이야기가 있습니다. 못생긴 외모 안에 아름다운 모습이 감춰져 있지만 사람들은 겉모습에 연연하여 그 아름다움을 알아차리지 못하죠. 우리 내면의 비루함이라는 감정도 마찬가지인 것 같습니다. 우리는 껍데기 안에 감춰진 아름답고 현명한 자신의 존재를 깨달아야 합니다.

'진짜 나'를 향해 나아가라

─────────

삶은 각자만의 모험을 떠나는 것입니다. 모험의 본질은 '깨달음'이며, 그 길에는 강력한 괴물과 험난한 장애물, 어려운 시련이 함께합니다. 마치 조지 루카스 감독의 영화 〈스타워즈〉 속 루크 스카이워커의 여정처럼요. 신화학자 조지프 캠벨이 말했듯, 영웅은 익숙한 곳을 떠나 모험을 시작하고, 그 과정에서 역경과 시련을 겪으며 성장합니다. 그리고 다시 원래의 자리로 돌아와 세상을 구원합니다.

　우리 삶도 마찬가지입니다. 누구나 특별한 재능을 가지고 있지만, 아직 자신의 진짜 모습을 알아차리지 못했을 뿐입니다. 우리는 익숙함에 머물며 모험을 두려워합니다. 하지만 떠나지 않으면 성장할 수 없습니다. 인간은 누구나 낯선 곳에서 자신을 발견할 수 있습니다. 지금 당장 익숙한 일상의 다리를 불태우고 모험을 시작해보세요. 그 모험 속에서 자신의 진정한 모습을 발견할 수 있습니다. 명심할 것은 '나다운 것이 가장 아름답다'라는 진리입니다.

자신의 날이 올 때까지
읽고 쓰라

나이 마흔이 넘어 공장 기숙사에서 혼자 숙식하던 시절, 저는 회사에서 투명인간처럼 지냈습니다. 출근을 하지 않아도 아무도 저를 찾지 않았고, 매일 수십 통씩 걸려 오던 전화도 멈췄습니다. 문자나 이메일도 마찬가지였습니다. 제가 점점 세상에서 지워지고 있다는 생각이 들 정도였습니다.

그때부터 저는 부모님의 삶을 돌아보기 시작했습니다. 현재의 고통에 어린 시절의 상처가 더해져 제대로 숨조차 쉴 수 없이 괴로웠기 때문입니다. 이 고통의 근원이 어디인지 알아야 살아갈 힘을 찾을 수 있을 것 같았습니다. 불행 중 다행이라면, 그 당시 저는 시간이 참 많았다는 것입니다.

저희 할아버지는 주색잡기로 유명했다고 합니다. 1930년대에 라이카 카메라를 메고 최신형 자전차를 타고 다니며 기방과 노름판을 주름잡았다면 짐작이 가시겠죠. 결국 물려받은 재산을 탕진하고 가족을 버리고 떠나셨고, 할머니는 어린 자식들을 데리고 남의집살이를 하셨습니다. 당시에는 남편 없는 여자가 혼자 자식들을 키울 방법이 그것밖에 없었기 때문입니다. 우연히 본 어린 아버지의 일기장엔 "오늘도 배가 너무 고파서 점심시간에 수돗물로 허기를 채웠다"라고 적혀 있었습니다.

외할아버지는 해방 직후 인민위원회 활동을 하시다 월북하셨다고 합니다. 홀로 남겨진 외할머니도 남의집살이를 하셨습니다. 그 시절 여성들의 삶은 어쩜 그리 고달팠을까요. 남의 집에 딸을 둘 다 데려갈 수 없다보니 다섯 살이던 저희 어머니는 친척 집에 맡겨졌습니다.

어머니는 거지가 동냥하러 오면 아버지인 줄 알고 집에 있는 쌀을 퍼주었다가 친척들한테 혼이 나곤 했다고 합니다. 아버지를 그리워하던 어린 소녀의 모습을 상상하니 가슴이 아려옵니다. 저희 둘째가 다섯 살이었을 때를 생각해보면 더욱 그렇습니다. 다섯 살은 정말 부모의 사랑이 많이 필요한 나이니까요.

어린 시절 가난과 부모의 공백으로 인한 결핍 속에서 성장한 부모님은 서로를 만나 가정을 이루셨습니다. 하지만 아버지는 일에서 실패에 실패를 거듭했고, 그 패배감은 분노가 되어 가족에게 향했습니다. 그런 아버지와 살며 세 남매를 키우셨던 어머니의 삶은 얼마나 힘드셨을까요. 어머니의 가출은 어린 제게 깊은 상처로 남았지만, 제 나이 마흔이 넘어서야 직시할 수 있게 된 젊은 어머니의 삶은 너무나 안타까웠습니다.

평생 폭군으로 군림하시던 아버지는 돌아가시기 3년 전 뜻밖의 모습을 보여주셨습니다. 당시 시골 생활을 정리하고 영동고속도로의 한 휴게소 주유소에서 일하셨는데, 안정적인 직장에서 정기적으로 월급을 받게 되자 전혀 다른 사람이 되셨습니다. 우리 가족이 평생 만나보지 못했던 자상한 남편, 다정한 아버지였습니다. 그동안 아버지를 괴롭힌 것은 '가족을 건사하지 못하는 가장'이라는 자격지심이었던 겁니다. 아버지의 어둠을 깨닫자, 평생 가져온 아버지에 대한 분노와 원망이 누그러지는 것을 느꼈습니다.

스스로를 돌보는 책읽기와 글쓰기

물론 부모님의 아픔을 이해하고 제가 받은 원망과 상처를 극복하는 데는 오랜 시간이 걸렸습니다. 그때 저는 매일 책을 읽었습니다. 과거의 독서가 새로운 지식을 얻기 위한 것이었다면, 그 시절의 독서는 오로지 나를 알기 위한 여정이었습니다.

한국 현대사에 관한 책을 읽으면서 조부모님과 부모님 세대를 이해했고, 토인비의 『역사의 연구』 같은 책에서는 힘든 시기를 견딜 용기를 얻었습니다. 어떤 개인도 감히 시대로부터 자유로울 수 없고, 개인의 역사 또한 인류 문명과 마찬가지로 도전과 응전 속에서 생성하고 성장하니까요. 그리고 스콧 펙 박사의 『아직도 가야 할 길』과 『오제은 교수의 자기 사랑 노트』를 통해서는 상처 받은 내면 아이와 만나는 시간을 가졌습니다.

그동안 외면했던 부모님의 상처, 나의 고통스러운 마음을 바라보며 책을 읽어나가자 세상이 새롭게 보이기 시작했습니다. 나 자신의 내면으로 깊게 들어가면 갈수록 시야가 거꾸로 바깥을 향해 더 넓어졌습니다. 그렇게 우울증과 공황장애로 시달리던 3년 동안 나를 알기 위해 읽은 책만 1000권이 넘습니다. 책을 읽은 뒤에는 아내에게 독후감 형식으로 편지를 썼습니다.

"글을 써봐."

그런 제게 어느 날 지인이 이렇게 말했습니다. 혼자 쓰는 일기나 아내에게 쓰는 편지가 아니라, 다른 사람도 읽을 수 있게 글을 써보라는 조언이었습니다. 당시 제게 책을 읽는다는 것은 책을 읽으면서 발견한 나 자신에 대한 언어를 가슴속에 쌓아가는 과정이었습니다. 그리고 '글을 써보라'는 지인의 충고는 언어로 가득한 창고와 같던 마음속에 환한 불을 밝혀주었습니다.

상처는 각자의 고전을 써 내려갈 재료다

지식생태학자 유영만 교수는 글쓰기를 "나의 삶을 나만의 언어로 번역하는 과정"이라고 표현했습니다. 저는 모든 이가 볼 수 있는 온라인 플랫폼에 제 이야기를 쓰기 시작했습니다. 유명한 작가가 되고 싶어서가 아니었습니다. 과거의 상처를 분리주시하며 치유의 과정을 이어가기 위해서였습니다.

남들에게 흠이 잡힐까 걱정해서 깊이 숨겨뒀던 제 과거사도, 우울증도 모두 글감이 되었습니다. 그렇게 어둡고 무거웠던 시간들이 글로써 표현되는 순간, 그 순간들이 금빛 실타래가 되어 제 안에서 차츰 풀려나가기 시작했습니다. 제 글을 읽고 많은 분들이 고맙다는 인사를 건네셨습니다. 제 이야기가 누군가에게 위로와 희망이 될 수 있다는 생각에 진심으로 기뻤습니다.

상처는 훌륭한 글감이자 우리 존재를 유지하게 하는 힘의 원천이 되기도 합니다. 역사를 살펴보면 고통스러운 시간을 글을 쓰며 이겨 낸 사람들이 많습니다. 마키아벨리는 모반에 가담했다는 혐의로 투옥됐다 풀려난 뒤 『군주론』을 썼습니다. 사마천은 궁형이라는 치욕 속에서도 『사기』를 완성했습니다. 『손자병법』을 남긴 손무의 후손인 손빈은 친구의 배신으로 두 다리가 잘린 뒤에 또 다른 걸출한 병법서 『손빈병법』을 남겼습니다. 다산 정약용은 유배지에서 백성의 고통을 보며 『목민심서』를 집필했습니다. 이들의 글은 고난 속에서도 빛을 찾으려 했던 결실이며, 오늘날 고전으로 남아 우리에게 깊은 위로와 지혜를 줍니다.

모든 상처는 자신만의 고전을 써 내려갈 준비가 되어 있습니다. 그리고 그것이야말로 우리가 스스로를 구원하는 방법입니다. 자신을 돌보는 행위는 자기 상처를 이해하는 것에서 시작되기 때문입니다. 우리의 인생에서 부모가 해줄 수 있는 역할은 이미 오래전에 끝났습니다. 결국 나를 돌보는 것은 오롯이 나 자신의 몫입니다.

오랜 상처로 괴로운 사람이 있다면, 책읽기와 글쓰기를 권하고 싶습니다. 당신의 삶이 다른 사람의 길을 비추는 빛이 될 때, 그 빛은 결국 스스로를 비추게 될 것입니다.

자신의 날이 올 때까지 읽고 쓰라

───────────

사실 무언가를 꾸준히 한다는 건 참 어렵습니다. 하지만 이 꾸준함이 평범함과 비범함을 가르는 힘이 됩니다. 그리고 아무리 재능을 많이 가지고 태어난 사람도 꾸준함과 성실함 없이는 결코 성공할 수 없습니다. 그것이 지금 현실이 암울하다고 공부를 소홀히 해서는 안되는 이유입니다. 어려운 시기에 했던 공부는 분명 우리의 머리와 마음속에 남습니다. 그러다가 언젠가 자신의 뜻을 펼칠 수 있는 자리에 오를 때, 매일의 공부가 큰 힘과 자산이 되어줄 것입니다.

열정을 가지고 평생 그 길을 걸은 사람이 아직 부자가 되지 못한 이유가 있다면, 아직 '자신의 날'이 되지 않았기 때문이다. 나는 이 기다림을 자신에 대한 신뢰라고 부른다.

구본형, 『그대, 스스로를 고용하라』에서

자신을 믿고, 꾸준히 나아가다보면, 언젠가 자신의 날이 분명히 옵니다.

자신의 날이 올 때까지 읽고 쓰시기 바랍니다.

과거는 미래에 의해
다시 쓰인다

깊은 밤, 화장실에 가기 위해 눈을 떴습니다. 낯선 천장이 보였습니다.

'아, 공장 기숙사구나.'

좌천되어 이곳에 온 건 꿈이 아니라 현실이었나봅니다. 일어나 화장실로 향할 때였습니다. 방문을 나서다 문턱에 발이 걸렸습니다. 실수로 스마트폰 플래시를 제 얼굴로 비추는 바람에 순간 눈이 안 보였던 것입니다. 그 짧은 순간, 별의별 생각이 다 들었습니다. '잘

못 넘어지면 코뼈가 부러지거나 이가 나갈 수도 있을 텐데.' '직장에서 가뜩이나 천덕꾸러기 신세인데, 얼굴까지 퉁퉁 부어 나타나면 사람들이 얼마나 비웃을까?' 그러나 다행히 곧 균형을 잡을 수 있었습니다.

대체 왜 스마트폰을 거꾸로 집어 들고 플래시를 켰을까요. 이렇게 스스로를 타박하는 순간, 저는 깨달았습니다.

'내가 여기 있는 이유는 빛을 거꾸로 비췄기 때문이구나.'

그때 가슴에서 무언가가 '툭' 하고 금이 가는 소리가 들리는 듯했습니다. 그 틈으로 서서히 외부의 빛이 들어오기 시작했습니다. 저를 감싸고 있던 견고한 벽이 갈라지는 순간이었습니다.

마흔, 이카로스의 추락

저는 언제나 스포트라이트를 받아야 하는 사람이었습니다. 학창 시절에도, 직장에서도 마찬가지였지요. 모든 자리에서 주인공은 늘 저여야 했고, 선생님이나 상사들의 총애도 제가 받아야 했습니다.

30대 중반에는 능력을 인정받아 동기들을 제치고 초고속 승진으로 최연소 팀장이 되었고, 임원 회의에도 기획팀장 자격으로 참여했습니다. 그렇게 평생 승승장구할 줄로만 알았습니다. 그런데 마흔이 되자 모든 것이 변했습니다.

미국에서 시작된 서브프라임모기지 사태로 환율이 급상승하면서, 회사는 1800억 원이라는 큰 손실을 입었습니다. 그 일을 수습하지 못한 책임을 지고, 저는 기획팀장 자리에서 내려와 생산팀 팀원으로 공장에 내려가게 되었습니다. 좌천성 발령이었습니다. 공장까지 가는 길은 아내가 태워주었습니다. 차 문을 닫고 나서는데, 등 뒤로 아내의 안타까운 시선이 느껴졌습니다. 아무렇지 않은 듯 뒤돌아 씩씩하게 걸었지만, 제 마음은 낯선 곳으로 전학 가는 초등학생처럼 떨리고 있었습니다.

공장 생활은 익숙하지 않았습니다. 화이트칼라로만 살아왔던 저에게 하루 종일 장비를 조립하는 일은 아이가 첫걸음마를 떼는 일이나 다름없었습니다. 숙련되어 손이 빠른 동료들 사이에서 하루 종일 스스로의 무능함을 탓했습니다.

가장 낯선 것은 조직 내에서의 제 존재감이었습니다. 하루는 공장 체육대회 날이었습니다. 예전 같았으면 단상에 올라 행사를 주관했을 텐데, 그날의 저는 맨 뒷줄에 서 있었습니다. 행사를 주도하는 동료를 보며 박진영의 노래 〈니가 사는 그 집〉의 가사가 떠올랐습니다.

'니가 서 있는 그 자리가 내 자리였어야 해.'

행사가 원활히 진행되는 것도 속이 쓰렸습니다. 제가 없어도 모든게 잘 돌아가고 있었으니까요. 지금까지 나 없으면 아무것도 안 되는 줄 알았는데 말입니다. 조직에서 인정받기 위해 아등바등 애썼던 지난날이 허망하게 느껴졌습니다.

또 어느 하루는 공장장님이 퇴직하셔서 송별 회식이 열렸습니다. 정말 가고 싶지 않았지만, 제가 기획팀장으로 있을 때부터 인연이 있던 분이 불러주셨기에 안 갈 수 없었습니다. 조용히 자리 끝에 앉아 있는데, 한 공장 간부가 저를 보고 타박했습니다.

"넌 여기 왜 와서 앉아 있노? 술이나 한잔 받고 퍼뜩 가라!"

그분이 저를 미워해서 그런 게 아니라는 건 알고 있었습니다. 하지만 그 한마디는 비수가 되어 겨우 버티고 있던 저를 무너트렸습니다. 저는 그날 기숙사에 돌아와 어린아이처럼 펑펑 울었습니다. 저를 이곳으로 보낸 사장님에 대한 원망, 동료에 대한 불만, 이 상황에 대한 억울함, 그리고 지금 이곳에서 눈물이나 흘리고 있는 자신에 대한 실망감까지. 드높은 자존심 하나로 태양을 향해 달리던 저는 이카로스처럼 형편없이 땅으로 추락하고 말았습니다.

우울증과 공황장애의 습격

그때는 막연히 그곳이 바닥인 줄 알았습니다. 나름대로 저를 위로하는 논리였습니다. 바닥을 쳤으니 다시 올라갈 수 있으리라고 내심으로는 믿고 있었습니다.

하지만 그건 제 착각이었습니다. 바닥이 끝이 아니었습니다. 바닥 밑에는 지하가 있었죠. 지하 1층, 지하 2층, 지하 3층⋯⋯ 생산 공장 다음에는 계열사 공장으로 발령받았고, 심지어 회사에서 쫓겨나기까지 했습니다.

그 뒤에 다른 회사로 겨우 출근하게 되었지만 회사 사정상 원래 제가 하기로 했던 일 대신 난생처음 해보는 해외영업 업무를 얼떨결에 맡게 되었습니다. 설상가상, 회사에서 저에게 그 업무를 가르쳐 주는 사람도 없었습니다. 출근은 의미 없는 일이 되어갔고, 저의 존재감도 점점 사라져갔습니다. 제 영혼은 서서히 메말라갔습니다. 그저 껍데기만 남은 것처럼요.

하루는 사무실에서 가슴이 터질 것 같아 병원으로 가려다 횡단보도에서 주저앉았습니다. 신호는 바뀌고 차들이 빵빵대는데, 도저히 일어설 수가 없었습니다. 지나가던 사람들이 저를 부축해 병원으로 데려다주었습니다. 지하철을 타고 출근하다가 어지러워 도중에 내려 플랫폼에 토하기도 했습니다. 병명은 공황장애였습니다.

하지만 우울증과 공황장애는 문제의 현상일 뿐, 원인은 아니었습니다. 제 진짜 문제는 바로 일중독이었습니다. 일중독도 게임중독이나 쇼핑중독처럼 일종의 도파민중독입니다. 도파민중독의 근원에는 낮은 자존감이 자리 잡고 있습니다. 외부로부터 인정받고자 하는 욕구가 강할수록 자신을 긍정적으로 평가하지 못하게 됩니다. 결국 도파민이라는 일시적인 쾌락을 통해 스스로를 위로하려 했던 것이죠.

저는 제가 인정받고 성공할 때만 즐거웠고, 그 외에는 어떤 행복도 느끼지 못했습니다. 그 전까지 아침 7시에 출근해 밤 12시에 퇴근하는 게 일상이었고, 주말에도 평일처럼 일했습니다. 회사 일이 최우선이었고, 하나의 목표가 완성되면 기뻐하기보다 다음 목표를 찾아 두리번거렸습니다. 가족도, 친구도 안중에 없었습니다. 그러다보니 남들보다 빨리 성과를 거둘 수 있었지만, 늘 함께 일하는 동료들을 마음속으로 얕잡아 보곤 했습니다. 제가 바라보는 세상은 늘 나보다 잘난 사람 혹은 나보다 못난 사람으로만 구성되어 있었습니다.

승승장구할 때는 모두가 부러워하는 삶이었습니다. 하지만 문제는 이렇게 일에서 인정을 받지 못할 때 드러납니다. 도파민을 채워줄 일이 무너지자 제 인생도 극단적으로 무너져버렸던 것입니다. 결국 세상에 저를 알아주는 사람 하나 없는 듯한 공허함 속에서 또다시 오랜 시간을 보낼 수밖에 없었습니다.

빛을 바깥으로 비출 때 보이는 것들

내 삶이 가장 비참해질 때, 인생이 바닥까지 떨어질 때, 그만큼 모든 사람을 품어줄 수 있는 역량을 기르고 있는 것인지도 모른다. 좌절하지 말고 그 바닥을 차고 올라오는 데 성공한다면 우리는 마침내 박애의 감수성을 배우게 되니까 말이다.

강신주, 『감정수업』에서

그렇게 오랫동안 지하가 얼마나 깊은지 스스로 파 내려가며 증명하는 나날을 보냈습니다. 그리고 그 시간들을 보내면서 깨달았습니다. 처음 공장에 내려갔을 때, 그 스마트폰 불빛은 제가 아니라 제가 가야 할 방향을 비춰야 했습니다. 그럼 마흔의 문턱에서 걸려 비틀거리지도 않았을 것입니다.

'어쩌면 지금까지 내 인생도 잘못된 방향을 비추고 있지 않았을까?'

이전까지 제 안의 불빛은 언제나 저만을 비추고 있었으니까요. 저는 늘 성취하는 사람이어야 했고, 주변 사람들은 저를 빛나게 해주기 위해 존재하는 엑스트라일 뿐이었습니다.

하지만 저 자신을 향한 스포트라이트가 꺼지자, 그제야 다른 사람들이 눈에 들어왔습니다. 스스로를 밝히는 데만 심취해서 미처 바라보지 못했던 타인들이었습니다.

회사에서 가장 못난 존재가 되어보니 회사에서 인정받지 못하는 사람들의 심정을 이해할 수 있었습니다. 공황장애로 횡단보도에 주저앉고 나니 '회사 가는 것이 도살장에 끌려가는 것보다 싫다'는 말을 이해했습니다. 만약 계속 승승장구했다면 저는 다른 사람들의 고충을 이해하지 못했을 것입니다. '왜 그것밖에 못하지? 최선을 다하지 않으니까 그런 거 아니야?'라고 생각했겠죠. 하지만 불빛을 바깥으로 향하자 그곳에는 이전에는 눈에 들어오지 않았던 다양한 사람들이 있었습니다. 다른 사람들도 저처럼 자기만의 삶의 목표가 있고 고유의 욕망을 가진 존재들이었습니다.

그때 문턱에 발이 걸리면서 제 에고에는 깨진 틈이 생겼습니다. 그리고 밑바닥뿐 아니라 지하 1층, 2층, 3층에서 보낸 시간은 틈이 생긴 에고를 산산조각으로 무너트렸습니다. 그렇게 산산이 부서진 뒤에 고운세상에 합류할 수 있었던 건 천운이었습니다. 그 시간들이 없었다면 저는 지금의 자리에 있지 못했을 것입니다. 아니, 그 시간 없이 이 자리에 올랐다면 분명 최악이었겠죠. 직원들을 소중한 개인으로 바라보지 않고, 목표를 위한 수단으로만 바라봤을 테니까요. 그래서 한때는 신을 원망했지만 지금은 신이 제게 기회를 주었다고 생각합니다. 내 안으로 향해 있던 빛을 바깥으로 비출 기회를 말입니다. 그렇게 생각하면 정말, 넘어진 곳에 복이 있었습니다.

과거는 미래에 의해 다시 쓰인다

이 모든 과거 이야기를 지금 다시 하는 데는 이유가 있습니다. 이 이야기를 하기 전에 먼저 제 친구 태환이에 대한 설명부터 드려야겠군요. 2004년이었습니다. 당시 제가 다니던 회사는 코스닥 상장을 준비 중이었고, 상근감사로 일할 적임자가 필요했습니다. 문득 국내에서 손꼽히는 회계법인에 다니던 친구 태환이가 떠올랐습니다. 저는 태환이를 만나 밤새 합류를 설득했고, 결국 그다음 날 아침에 승낙을 받았습니다. 태환이는 합류 후 계열사 감사 업무를 맡아 열심히 일했습니다. 하지만 결국 저와 태환이는 차례로 회사를 떠났고, 그후 태환이는 세무사 사무실을 개업했습니다. 아직 30대 중반, 준비 없이 시작한 탓에 어려운 시절을 보냈습니다. 친구의 꼬임에 빠져 잘 다니던 회계법인을 그만둔 결과였습니다.

5년 후, 벼랑 끝에 서 있던 저는 태환이를 만나 공황장애와 우울증을 앓고 있다고 털어놓았습니다. 염치없었지만 속마음을 털어놓을 친구가 태환이밖에 없었거든요. 그때 묵묵히 제 이야기를 듣던 태환이는 말했습니다.

"주호야, 나도 힘들 때 너 원망 많이 했어. 그런데 그 회사에서 만난 사람들이 지금 내 수임료의 절반을 차지해. 살아보니 과거는 미래에 의해 다시 쓰이더라."

그 이야기를 들으면서 그의 시작이 어땠는지 떠올렸습니다. 개업 후 첫 6개월 동안 집에 100만 원도 못 가져다줬다고 했습니다. 그때 그의 식구들은 아마 저를 원망했을지도 모릅니다. 하지만 그 힘든 시간을 지나온 친구는 '과거는 미래에 의해 다시 쓰인다'는 결론을 내렸습니다. 어떤 미래를 창조하느냐에 따라, 과거의 어리석거나 힘들었던 시간도 결코 의미 없는 것이 아니었다는 말입니다.

SF영화를 보면, 주인공들이 과거로 돌아가 미래를 바로잡으려 하는 내용이 나옵니다. 하지만 우리 현실에는 타임머신이 없습니다. 시간은 뒤로 갈 수 없고 오직 앞으로만 흐릅니다. 그래서 사람들은 늘 과거를 되돌아보며 후회하곤 합니다. 하지만 태환이가 들려준 이야기는 시간에 대한 저의 인식을 바꿔놓았습니다. 내가 어떤 미래를 창조하느냐에 따라, 과거라는 시간에 새로운 의미가 생길 수 있다는 말이었으니까요.

과거는 이미 지난 일도, 고정된 일도 아니었습니다. 미래를 통해 다시 쓸 수 있는 가능성의 공간이었습니다. 그러자 그 모든 힘들었던 시간이 의미를 가지고 피어나기 시작했습니다. 지금에야 제가 여러분 앞에 이런 이야기를 할 수 있는 이유이기도 합니다.

지금의 시간은 언젠가 과거가 됩니다.

그리고 과거는 미래에 의해 다시 쓰입니다.

자립:
회사는 당신의
성장 수단이다

직원은 비용이 아니라 자산이다

좌천, 이직, 우울증, 공황장애……

마흔의 방황은 마치 끝이 보이지 않는 긴 터널 같았습니다. 아니, 어쩌면 출구가 막힌 동굴이었는지도 모릅니다. 언젠가 사람 될 날만을 기다리는 곰이 된 것처럼 하루하루 책을 읽으며 시간을 보냈습니다. 지금 돌아보면 그때 읽었던 모든 책이 '쑥과 마늘'이었지만, 그 당시의 제겐 어쩔 수 없는 선택이었습니다. 아무리 노력해도 '마음의 양식' 외에는 손에 잡히는 것이 없었고, 모든 기회는 손을 빠져나가기만 했으니까요.

2014년 가을, 이직을 위해 면접을 보러 다녔습니다. 이 동굴에서 저 동굴로 옮겨 간다고 무엇이 달라질까 싶어서 마음이 복잡하고 무거웠습니다. 그때 전화가 한 통 걸려 왔습니다. 고운세상피부과의 안건영 원장님이었습니다. 7년 만의 연락이었습니다.

복된 만남의 시작

2007년, 안 원장님과 저는 고운세상네트워크라는 회사에서 만났습니다. 당시 고운세상네트워크는 전국에 있는 고운세상피부과 병원을 지원하고 관리하는 MSO 회사였습니다. 미국처럼 선진화된 병원 경영을 꿈꾸던 원장님은 MSO를 상장하여 고운세상피부과를 더크게 성장시키려 했습니다. 그러나 국내 법규 미비와 파트너 원장들과의 이해관계 충돌 등 여러 문제로 상장은 무산되었고, 고운세상과저의 관계도 자연스럽게 정리되었습니다.

그리고 시간이 흐른 후, 다시 원장님을 만났습니다. 지난 7년간의 이야기를 들어보니 병원 MSO 사업은 접고, 현재는 화장품 회사인 고운세상코스메틱을 직접 경영하고 계셨습니다. 그리고 원장님의 이어진 말씀은 지금도 잊을 수 없습니다.

"나는 인생에 서로에게 '복된 만남'이 있다고 생각해. 이 이사와의 만남도 복된 만남이 되었으면 좋겠어."

회사 합류 제안을 '복된 만남'에 비유하신 것이었습니다. 오랫동안 닫혀 있던 출구가 열리는 듯했습니다. 누군가가 나를 필요로 한다는 것 자체가 운명처럼 느껴졌습니다. 그렇게 원장님이 내민 손을 잡고, 오래 머물렀던 마음속 동굴에서 빠져나왔습니다.

안 원장님은 사업의 전권을 저에게 맡기고 일절 간섭하지 않으셨습니다. 저는 화장품 사업 매출을 연 400억 원 이상으로 키우겠다는 목표를 세웠습니다. 당시 화장품 사업 매출은 100억 원이 안 되었지만, 원장님이 저를 믿고 맡겨주신 신뢰에 보답하고 싶었습니다. 더 나은 고운세상을 만들고자 했습니다.

나는 어떤 회사에서 일하고 싶은가

고운세상으로 출근하기 전, '나는 어떤 회사에서 일하고 싶은가'를 생각해봤습니다. 제가 사회생활을 시작한 것은 IMF 직후인 1999년이었습니다. 회사에 입사하니 사무실 벽에 '주주가치 극대화'라는 표어가 크게 걸려 있었습니다. 회사의 가장 큰 목표는 주주 이익의 최대화였고, 모든 것이 그 기준에 맞춰 돌아가고 있었습니다.

손익계산서에는 직원들에게 지급하는 임금이 '인건비'라는 비용으로 기재되었습니다. 주주의 이익을 늘리기 위해 인건비를 줄였고, 구조조정이 빈번하게 이루어졌습니다. 저는 회사의 가치를 만들어내는 사람이었지만, 회사의 '자산'이 아니라 '비용'으로 처리되고 있었습니다.

그때 저는 이상하다는 생각이 들었습니다. 학교에서 배운 회계 원리에는 '자산'의 정의가 '미래에 경제적 효익을 창출할 수 있는 것'이라고 되어 있었습니다. 그렇다면 사람이야말로 회사의 미래에 경제적 효익을 창출해주는 가장 중요한 자산이 아닌가요?

'나는 어떤 회사에서 일하고 싶은가'라는 기준에서 지난 시간을 돌이켜보니, 그 시절의 저는 '나의 가치를 소중히 여겨주는 회사', '나를 처리해야 할 비용으로 보지 않는 회사'에서 일하고 싶었습니다. 생각이 여기에 이르자 제가 꿈꾸는 고운세상의 모습이 더 선명해졌습니다. 바로 '사람을 비용이 아니라 자산으로 보는 회사', 나아가 '직원을 도구가 아니라 사람으로 보는 회사'였습니다.

직원을 비용이 아닌 자산으로 본다면, 회사로부터 급여를 받는 직원은 회사의 경제적 효익을 창출하는 존재가 됩니다. 물론 회사가 이익 규모를 고려하지 않고 무조건 급여를 많이 주어야 한다는 말은 아닙니다. 회사는 직원이 능력을 마음껏 발휘해 회사의 가치를 높일 수 있도록 도와야 한다는 말입니다. 그리고 그에 따른 정당한 보상을 지급한다면 직원의 가치도 높아지고, 회사의 경쟁력도 자연스럽게 높아질 겁니다.

결국 직원을 비용으로 보지 않는 회사를 만들기 위해서는, 가치 창출 능력이 높은 직원들이 많은 회사를 만들어야 합니다. 그리고 회사는 그들이 단순히 월급을 받기 위해 일하는 곳이 아니라 자아를 실현하고 삶의 의미를 찾을 수 있는 장소가 되어야 합니다. 고운세상에 대한 기본 아이디어는 이렇게 시작되었습니다.

당장의 손해가 훗날 보상으로 돌아온다

2014년 말 고운세상에 합류할 당시, 창업자인 안건영 원장님은 저에게 스톡옵션 지급을 약속하셨습니다. 그리고 이듬해에 회사는 운영자금 조달을 위한 제3자배정 방식의 유상증자를 하게 되었습니다. 엔젤 투자자들에게는 주당 7500원에 유상증자를, 직원들에게는 주당 2500원에 우리사주를 배정했습니다.

이때 저는 "제가 받을 스톡옵션 행사 가격을 엔젤 투자자들과 동일한 7500원에 하겠습니다"라고 원장님께 말씀드렸습니다. 원장님께서는 "왜?"라며 이해할 수 없다는 표정을 지으셨죠. 직원들과 동일하게 주당 2500원으로 스톡옵션을 행사할 수 있는데 왜 굳이 세 배나 높은 가격에 사려는 것이냐는 물음이었습니다. 다음 날 아침 안 원장님은 저를 다시 부르시더니 "그럼 행사 가격을 7500원으로 하는 대신 주식 수를 세 배로 하자"라고 제안하셨습니다. 미처 생각하지 못한 제안이었습니다.

그 후 3년이 지나 회사는 스위스 미그로스 그룹에 주식을 매각하게 되었습니다. 그런데 주식을 행사 가격보다 열 배나 높은 금액으로 처분하게 되었죠. 만약 3년 전 2500원의 행사 가격으로 스톡옵션을 받았다면, 매각 대금은 훨씬 적었을 것입니다.

물론 저 역시 이런 결과를 미리 예측하고 원장님께 그런 제안을 드린 것은 아닙니다. 단지 회사의 CFO로서 외부 투자자들에게 회사의 기업 가치에 대한 확신을 주고 싶었을 뿐입니다.

살다 보면 '당장의 손해'가 훗날 '더 큰 보상'으로 돌아오는 경우가 있습니다. 그런 행운이 누구에게나 항상 따르는 것은 아니지만, 원칙을 지키며 살 수 있다면 그 자체로 이미 보상을 받은 것이라 생각합니다.

신뢰는 아래로 흐른다

직원은 비용이 아니라 자산입니다.

이것은 고운세상을 지탱하는 신뢰 관계이기도 합니다. 고운세상에서 신뢰란 '구성원은 회사의 번영을 위해 일하고, 회사는 구성원의 발전과 성장에 이바지한다'는 의미입니다. 만약 회사가 직원을 이익을 위한 도구로만 본다면, 직원 역시 회사를 그저 돈을 버는 수단 중 하나라는 관점에서만 바라볼 것입니다. 회사가 조금이라도 어려워지거나 더 높은 연봉을 제시하는 곳이 있다면, 그들은 망설임 없이 떠나버리겠지요. 하지만 신뢰를 바탕으로 한 조직은 하나의 목표를 향해 함께 나아갈 수 있습니다. 그리고 이 신뢰는 강물처럼 위에서 아래로 흐릅니다. 회사가 먼저 구성원들에게 믿음을 주어야 합니다. 신뢰는 연어처럼 물결을 거슬러 오를 수 없습니다.

제가 처음 이 회사에 합류했을 때를 떠올려봅니다. 그때 저는 연매출 100억 원 미만이던 회사를 연 매출 400억 원 규모의 회사로 성장시키겠다는 목표를 세웠습니다. 이는 안 원장님이 제게 보여주신 신뢰에 보답하고자 하는 마음에서였습니다. 그리고 그 신뢰의 결과, 100억 원 미만이던 매출은 4년 만에 1000억 원을 넘어섰고, 이제는 2000억 원대 중반이 되었습니다. 원장님이 저에게 역량을 마음껏 펼칠 기회를 주셨기에, 그리고 제가 꿈꾸던 회사를 만들어갈 수 있는 기회를 주셨기에 가능한 일이었습니다.

이처럼 복된 인연으로 시작된 고운세상과의 여정에서, 직원들은 최고의 역량을 발휘하며 자아를 실현하고, 회사는 업계 최고 수준의 인재라는 자산을 가진 조직으로 성장해나가고 있습니다. 이 모든 인연이 복된 인연입니다.

다니기 좋은 회사가 아니라
일하기 좋은 회사입니다

출근 첫날, 사무실을 한 바퀴 돌며 직원들과 인사를 나눴습니다.

그때 제 눈에 가장 먼저 들어온 것은 직원들의 낡고 오래된 의자였습니다. 한쪽 바퀴가 빠진 의자도 있었고, 등받이 축이 기울어진 의자도 보였습니다. 하루 중 가장 많은 시간을 보내는 의자인데, 이렇게 불편해서야 일의 능률이 오를 리 없습니다. 바로 안 원장님께 "올해 임원들 연봉 인상분을 반납하고 그 돈으로 직원들 의자를 바꿔주면 좋겠습니다"라고 말씀드렸고, 전 직원의 의자를 고가 라인의 기능성 의자로 교체했습니다. 직원들의 표정이 밝아진 것이 한눈에 보였습니다.

낡은 의자를 바꾼 것이 당연한 일이지 뭐 대단한 일이냐고 하실 수도 있습니다. 하지만 제 인생에서는 의미가 큰 사건입니다. 저는 이제 막 동굴에서 나왔고, 내가 행복해지기 위해서는 먼저 타인을 행복하게 해야 한다는 것을 깨달았으니까요. 직원들의 의자 교체는 동굴을 막 빠져나온 제가 취한 첫 번째 행동이었습니다.

당신이 모든 역량을 발휘할 수 있도록

의자를 시작으로 고운세상은 많은 것이 변했습니다. 저 역시 고운세상에서 일하면서 많은 것을 배웠습니다. 우리 구성원들은 직원 이전에 사람이며, 사람은 모두 개별적이고 실존적인 존재라는 사실이었습니다.

앞서 잠시 소개했던 고운세상의 선택적 근로시간제 혹은 자율 출퇴근제는 한 아이의 엄마인 직원의 사연에서 시작되었습니다. 임직원 주택자금 지원 대출도 전세자금 마련에 어려움을 겪고 있는 한 직원의 사연이 그 시작이었습니다. 암이나 뇌혈관 질환 같은 중증 질환에 걸리면 회사에서 최대 1억 원까지 의료비를 지원하고, 최장 1년 동안 유급휴직을 쓸 수 있는 제도 역시 한 직원의 실제 사례를 계기로 도입되었습니다. 가족이 아플 때 무제한으로 재택근무를 할 수 있는 가족 돌봄 재택근무 제도 역시 마찬가지였습니다. 이렇게 구성원 개개인에게 실질적으로 도움이 되고 필요한 제도를 설계해 고운세상을 구성하는 토대를 다졌습니다.

고운세상의 구성원들은 해외 출장지에서도 정시 퇴근을 지킵니다. 또한 모든 직원이 숙소에서 1인 1실을 사용하는 원칙을 따릅니다. 특히 이 1인 1실 원칙은 저의 경험에서 비롯된 제도입니다. 예전 회사에서 해외 출장을 다닐 때 밤마다 소주를 마시고 라면을 먹는 상사와 한방을 쓰며 불편했던 기억이 있습니다. 시차 적응도 안 된 상태에서 낮에는 시장조사에, 거래처와 회의에, 전시장에서 업무까지 보느라 녹초가 되곤 했는데, 밤까지 시달리니 정말 견디기 힘들었습니다.

그래서 고운세상은 해외 출장 시에도 업무 시간 외에는 충분한 휴식을 취할 수 있도록 하고, 저녁 식사가 끝나면 각자 방으로 돌아가 개인 시간을 보낼 수 있게 했습니다. 직원들이 해외에서도 최상의 컨디션으로 업무에 임하길 바라기 때문입니다.

또한 재택근무도 야근으로 인정합니다. 저는 회사의 관리자들에게 재택근무 중인 직원들이 PC 앞에 앉아 있는지 확인하는 행위를 금지시켰습니다. 그것은 우리 회사의 핵심 가치인 '자율과 책임'에 어긋나는 행동이기 때문입니다. 재택근무의 명칭도 '책임근무제'로 부릅니다. 사무실이든 집이든 자기 책임하에 일하는 것이니까요.

휴가 결재도 없습니다. 상사에게 허락을 구할 필요 없이 자신의 휴가는 각자 알아서 계획하고 사용합니다. 누구나 볼 수 있는 사내 인트라넷 캘린더에 전 구성원의 휴가 일정이 공유되므로 상사에게 따로 보고할 필요도 없습니다.

'다니기 좋은 회사'가 아니라
'일하기 좋은 회사'입니다

7.5시간 근무제, 자율 출퇴근제, 주 2회 재택근무, 육아휴직 2년 등 다양한 직원 보호 제도가 외부에 알려지면서, 고운세상은 취업 준비생들에게 소위 '꿀직장'으로 불리기도 했습니다. 중소기업으로는 이례적으로 신입 사원 공채 경쟁률이 300:1에 달한 이유이기도 할 것입니다. 하지만 정말 이곳이 '꿀'일까요?

이 모든 제도는 월급만을 바라보며 시간을 보내는 이들을 위한 것이 아닙니다. 직원들이 책임감 있게 스스로의 커리어를 쌓아가며 자신의 역량을 최대한 발휘할 수 있도록 돕기 위해 마련된 것입니다.

직원들의 능력은 곧 회사의 자산이기 때문입니다. 저는 대표로서 월급만 챙기는 직원들을 찾아내고, 그들이 회사 전체에 미치는 부정적 영향을 막을 책임이 있습니다.

그래서 막상 고운세상에 입사한 직원들이 그 치열함에 놀라는 경우가 많습니다. 특히 '꿀직장'을 기대하고 온 이들은 더욱 그렇습니다. 고운세상은 자율을 보장하는 만큼 성과에 대한 책임을 강하게 부여하는 일터이기 때문입니다.

우리는 구성원들이 높은 성과를 달성할 수 있도록 크게 세 가지를 지원합니다.

첫째, 필요한 예산과 인력을 지원함으로써 성과를 낼 수 있는 '수단'을 제공합니다. 부서에서 요청한 예산과 인력을 대부분 승인하고, 나중에 그 결과를 확인합니다.

둘째, 스스로 판단할 수 있는 '정보'를 제공합니다. 현재 외부 환경, 회사 경영 상황, 원가 정보, 자기 프로젝트 실적, 업무 진척도 등 회사의 모든 정보를 직원들에게 실시간으로 투명하게 공개합니다.

셋째, 교육과 훈련을 통한 '지속적인 학습'을 지원합니다. 구성원들이 부족한 지식과 역량을 제고해 성과를 창출할 수 있는 방법을 제공합니다.

경영자인 제가 하는 일은 구성원들이 성과를 낼 수 있는 수단과

정보, 그리고 학습이 제대로 갖춰져 있는지를 확인하고 점검하고 보완하는 것입니다.

아무리 연봉이 높고 복지가 좋아도 성과를 내지 못하는 회사를 다니고 싶어하는 직원은 없습니다. 그런 회사는 애초에 존재할 수도 없겠지요. 회사는 직원이라는 황금 씨앗이 싹틔우고 꽃피울 때까지 기다리고 지원하는 존재입니다. 그렇게 피어난 꽃은 회사와 구성원 모두의 성과가 됩니다. 서로가 서로의 가치를 존중하는 관계를 만들기 위해서는 결국 '일하기 좋은 환경'을 만들어야 하고, 고운세상의 모든 직원 보호 제도는 그러한 기준에 맞춰 설계되었습니다.

회사는 살아 있는
공동체다

"회사의 주인은 누구인가?"

저는 이 질문에 이렇게 답하고 싶습니다.

"회사의 주인은 회사 그 자체다."

일부 기업가들은 회사와 자신을 구분하지 못하기도 하고, 대주주
는 회사가 자신의 소유물이라 착각하기도 합니다. 하지만 상법상 회
사는 법이 부여한 독립된 인격체입니다. 그래서 법인法人이라고 합

니다.

　세상에는 무수히 많은 기업이 생겨났다 사라집니다. 보통 40년을 넘기지 못한다고 합니다. 하지만 오래 살아남아 뿌리를 내리는 기업도 있습니다. 이 기업들의 차이는 어디에 있을까요? 저는 피터 센게의 『학습하는 조직』과 아리 드 호이스의 『살아 있는 기업 100년의 기업』을 읽으며 그 답을 찾을 수 있었습니다. 기업은 대부분 주주의 이익을 최우선으로 보지만, 장수 기업들은 자신을 살아 있는 공동체로 여깁니다. 기업의 목표는 장기적 생존과 번영이며, 수익은 그 목적을 위한 수단일 뿐입니다. 이러한 기업들은 변화에 민감하고, 강한 정체성과 가치를 공유하며, 직원을 동료이자 동지로 여깁니다.

　회사가 하나의 거대한 생명체라고 생각해보십시오. 그 생명체와 함께 살아가는 것은 바로 우리라는 공동체입니다. 그 때문에 회사가 오래 가치를 지니고 살아가기 위해서는, 모든 존재가 지닌 생명의 균형을 지키는 것이 중요합니다. 그리고 그것이 바로 경영입니다.

경영자는 회사의 대리인이다

"무엇이 회사에 옳은가?"

중요한 결정을 할 때마다 저는 스스로에게 이 질문을 던집니다. CEO는 주주를 대신하는 자리가 아니라, 회사를 대표하는 대리인이기 때문입니다. 회사의 주인은 회사입니다. 그리고 회사에 가장 옳은 결정을 내리기 위해선, 모든 이해관계자가 "무엇이 회사에 옳은가?"라는 질문을 던져야 합니다. 잘못된 결정은 대부분 이해관계자들의 욕망을 충족시키려는 데서 비롯되기 때문입니다.

미국의 거대 화학기업 듀폰DuPont은 가족경영 원칙을 철저히 지키는 기업으로 유명합니다. 이 회사의 창업자의 남성 자손들은 모두 가장 낮은 직급으로 입사합니다. 신입에서 벗어나면 승진을 위해 평가를 받아야 하는데, 이 평가는 가족이 아닌 관리자로 구성된 임원진이 수행합니다. 그리고 임원진은 가족 구성원이 같은 직급의 다른 직원보다 능력과 성과가 뛰어난 경우에만 승진에 동의합니다. 이 원칙은 영국의 식료 서비스와 호텔 산업에서 성공한 가족 기업 라이언스앤드컴퍼니J. Lyons & Co.에서도 지난 100년 동안 유지되어온 방식입니다.

이 기업들은 회사라는 생명체가 오래 살아남으며 모든 구성원이 함께 성장하고 번영하기 위해서 무엇을 가장 중요하게 생각해야 하는지를 보여줍니다. 시간이 흐르면 대주주도 바뀔 수 있고, 직원이나 경영진도 언젠가는 회사를 떠날 수 있습니다. 그 때문에 CEO는 주주, 직원, 경영진을 위해 결정을 내리기보다 회사의 장기적인 이익을 먼저 생각해야 합니다. 그것이 결국 회사와 함께 살아가는 우리 모두의 이익으로 이어지기 때문입니다. 이 거친 비즈니스의 세계에서 회사라는 생명체가 건강하게 살아갈 수 있도록 주주, 직원, 고객, 거래처 등 모든 이해관계자의 이익을 회사 입장에서 조율하고 균형을 맞추는 것이 CEO의 역할입니다. 회사를 대리한 올바른 결정이 곧, 우리 모두의 미래를 밝히는 길입니다.

경영자가 솔직하고 냉정해야 하는 이유

고운세상이 임원 퇴직금 배수를 낮춘 것도 회사의 입장에서 판단한 결과입니다. 경영진에게는 손해일 수 있지만, 회사의 재정적 부담을 줄이고 좋은 인재를 더 고용할 수 있기 때문입니다. 풀기 어려운 문제도 회사의 입장에서 바라보면 답이 나옵니다. 이것은 아이가 건강하길 바라는 부모의 마음처럼 회사의 건강을 바라는 마음입니다.

하지만 이 회사라는 생명체의 건강을 지키기란 참 어렵습니다. 회사는 모든 이해관계자의 노력이 모여 만들어진 집합체이기 때문입니다. 회사의 성과 역시 여러 부서가 협력해 만들어낸 결과입니다.

하지만 안타깝게도 최종 성과는 프로세스에서 '가장 취약한 부분'에 의해 결정됩니다. 마치 우리의 몸이 가장 취약한 부분에 의해 병이 나듯이 말입니다.

아무리 제품이 좋아도 마케팅이 부족하거나, 반대로 마케팅이 뛰어나도 제품이 형편없다면 성공할 수 없습니다. 그래서 경영자는 회사 조직 전체의 밸류 체인을 꼼꼼히 살피고, 평균 이하의 부서가 있다면 빠르게 조치해야 합니다. 전체 회사 건강에 영향을 끼치는 요소를 재빨리 파악하는 것이 경영자의 역할입니다.

이를 위해서는 평소에 기대 수준을 명확하게 전달하고, 솔직한 피드백을 주어야 갈등이 생기지 않습니다. 불편하다고 할 말을 하지 않으면, 경영자로서 자격이 부족한 것입니다. 피터 드러커는 "사람에 대한 의사결정을 올바르게 하지 않는 최고경영자는 조직의 성과에 해를 끼치는 것보다 더 큰 잘못을 저지른다"고 했습니다. 경영자는 회사 전체의 품질 수준을 관리하는 품질 매니저이며, 회사가 기대하는 페르소나와 개인적인 인격을 분리할 줄 알아야 합니다. 인정에 끌려 공정을 해치면 안 됩니다. 조직은 온정이 아닌 각자의 성과책임으로 유지되기 때문입니다.

고운세상을 가슴에 품으며

경영자에게 경영은 인생이다. 화가에게 그림이 인생이고, 작곡가에게는 음률과 곡조가 인생인 것과 같다. 그리고 경영은 돈만이 목적이 아니다. 좋은 경영자는 기업 속에 자신의 인생을 담고 싶어한다. 자신이 죽더라도 자신의 원칙이 살아 숨 쉬는 기업을 만들고 싶어한다.

구본형 선생님의 『익숙한 것과의 결별』에서 읽은 글입니다.

임원 퇴직금 배수를 낮췄을 때 주변에서 불만에 찬 목소리들이 들려왔습니다. 물론 그 마음은 충분히 이해합니다. 이 결정을 내린 저 스스로도 손해를 보는 결정이기 때문입니다. 하지만 경영자를 회사의 대리인이자 청지기로 여긴다면 당연히 그래야 한다고 생각합니다. 언젠가 사람은 떠나더라도 회사는 남습니다. 고운세상이라는 기업이 우리 사회의 좋은 유산으로 남을 수 있도록 저에게 주어진 소임을 다하는 이유입니다.

회사는 생명체처럼 정체성을 지니고 외부 환경과 소통하며 성장합니다. 그 안에서 구성원들은 회사와 함께 배우고 도전하며 성장하는 존재입니다. 저는 '구성원이 회사의 성과를 위한 도구가 아니라,

회사가 구성원의 성장을 위한 수단'이라는 원칙이 살아 숨 쉬는 기업을 만들고 싶습니다. 회사는 구성원들이 평생을 살아갈 필살기를 준비하는 공간이어야 합니다. 자신의 재능을 발견하고 그것을 갈고 닦아 삶의 자유를 준비하는 곳이 되어야 합니다. 그러기 위해선 회사도 우리도 모두 강인한 생명력이 필요합니다.

진정한 리더는 직원을
사지로 몰지 않는다

LG트윈스의 염경엽 감독은 현역 시절 프로 통산 타율이 1할대에 그친 선수였습니다. 하지만 지도자로서 그는 2023년 29년간 우승하지 못했던 LG트윈스를 한국시리즈 우승으로 이끌었습니다. 저는 뉴스에 나온 그의 인터뷰를 보면서 깊은 인상을 받았습니다. 염 감독은 LG의 가장 큰 문제로 우승에 대한 압박감을 꼽았습니다. 그래서 선수 대기실 곳곳에 이런 문구를 붙여두었다고 합니다.

두려움과 망설임은 나의 최고 적이다.

그는 선수들이 압박감을 떨치고 자신감 있는 플레이를 하길 원했습니다. 그래서 그해 LG는 수없이 공격적인 도루를 시도했습니다. 하지만 성공률은 62.2%, 10개 구단 중 최하위였습니다. 경기마다 팬들의 악플이 쏟아졌습니다. 그럼에도 그는 아랑곳하지 않았습니다. 그의 목표는 당장의 승패가 아니라 장기적으로 공격적인 팀 분위기를 만드는 것이었기 때문입니다. 그의 전략대로 LG는 위기 속에서 점점 강해질 수 있었고, 마침내 새로운 우승 신화를 쓰게 됩니다.

그 자신은 '스타 플레이어'가 아니었습니다. 하지만 그는 구성원 모두에게 '내가 이기는 것이 아니라, 우리가 이기는 것이 중요하다'는 사실을 심어주는 든든한 장수였습니다. 이렇게 리더는 조직의 중심을 잡고 구성원들이 더 높은 곳으로 나아갈 수 있도록 이끌어주는 나침반 같은 존재입니다. 이를 위해서는 외부의 어떤 소음에도 흔들리지 않는 담대함이 필요합니다.

리더십은 행동하는 용기다

2014년 12월, 고운세상에 첫 출근을 했습니다. 당시 회사는 10년 넘게 병원 내 판매에만 주로 의존하고 있던 차였습니다. 저는 입사하자마자 회사의 성장을 위해 여러 변화를 제안했습니다. 의외로 눈에 띄게 반대하는 사람은 없었습니다. 그러나 뒤에서는 수동적으로 반항하는 세력이 많았습니다. 교묘한 저항들이었습니다. 그때는 스트레스로 밤잠을 설쳤지만 그래도 믿는 구석이 있었습니다. 20%, 단 20%의 직원만 나를 믿고 따르면 승산이 있다는 믿음이었습니다.

매일 아침, 회사 밴드에 변화의 필요성을 호소하는 글을 올렸습니다. 직원 50명 중 10명만 읽어도 만족했습니다. 그들이 변하면 나머지 80%도 따라오리라 믿었기 때문입니다. 그렇게 3년의 시간이 흐르고, 회사는 서서히 변하기 시작했습니다. 입점하는 채널에서 작은 성공이 쌓이면서 조직에 자신감이 생기기 시작했습니다. 이렇게 20%의 마음을 사로잡자 변화가 생기기 시작했습니다. 하지만 그 20%를 위해서는 오랫동안 흔들리지 않고 가시밭길을 앞장서서 걷는 과정이 필요합니다.

리더십이란 이처럼 단순히 지시하거나 이끄는 것이 아니라, 사람을 이해하고, 방향을 제시하며, 팀의 분위기를 주도하는 것입니다. 하지만 여기에는 언제나 실패라는 리스크가 뒤따릅니다.

닥터지의 PX 입점에 대해서도 내부의 반대가 많았습니다. 브랜드 이미지에 타격을 줄 수도 있다는 주장이었습니다. 하지만 그것도 인지도가 어느 정도 있을 때 할 수 있는 걱정이었습니다. 그래서 입점 후에 문제가 되면 철수하겠다는 각오로 밀어붙였습니다. 그리고 그 이듬해 매출 1000억 원을 달성했습니다.

만약 그때 제가 의사결정을 내리지 않았다면 아무 일도 일어나지 않았을 겁니다. 결과가 두려워 의사결정을 내리지 못한다면 그것이 바로 가장 나쁜 리더십입니다. 비즈니스에서 아무 일도 일어나지 않는다는 것은 일어날 수 있는 가장 나쁜 일이기 때문입니다. 완벽한 판단을 기다리다보면 기회를 놓치게 됩니다. 리더십은 앞장서서 행동하는 용기에서 시작됩니다.

자신을 비우고 다른 사람을 빛나게 하라

"만일 네가 살고자 한다면 먼저 죽어야 한다."

제가 우리 회사 리더들에게 자주 하는 말입니다. 리더는 매일 자신을 죽여야 합니다. 물리적 죽음이 아니라 에고의 죽음입니다. 그래야 자신도 살리고, 다른 사람도 살릴 수 있습니다. 자의식과 에고를 비워야 타인이 들어설 자리가 생기고, 담대하고 올바른 의사결정을 내릴 수 있기 때문입니다.

리더는 다양한 욕구와 개성을 가진 팀원들을 하나가 되게 만드는 자리입니다. 자신이 돋보여서도 안 되고, 그렇다고 약한 모습을 보여서도 안 됩니다. 현역 때 빛나던 운동선수가 좋은 지도자가 되기 어려운 이유가 여기에 있습니다. 팀원으로서 능력을 인정받던 사람이 리더가 되어 힘겨워하는 이유도 같습니다. 자신의 성공에 익숙했던 사람은 타인을 이끌고 조율하는 데 어려움을 겪기 마련입니다.

리더가 된다는 것은 드러나는 위치에서 온갖 비난을 감수하는 것입니다. 때로는 사람들이 나무 막대기 위에 자신을 올려놓고 조롱하며 비난하는 것처럼 고통스러운 감정이 듭니다. 그러다보니 많은 초임 리더들이 '내가 지금까지 인생을 잘못 살아왔나?' 하는 생각에 우울함을 겪게 됩니다.

하지만 이것은 리더로 자리 잡는 과정에서 발생하는 지극히 자연스러운 현상입니다. 실무자일 때는 일을 잘하고 경쟁에서 이기는 것을 즐기는 자아가 인정을 받지만, 리더가 되면 달라집니다. 리더가 되는 순간 그런 자신의 '옛 자아'와 결별하고 자신을 비우고 다른 사람을 빛나게 해야 합니다. 사람은 누구나 옛 자아와 이별할 때 우울함을 겪습니다. 하지만 이는 정신적 성장의 신호입니다. 자신을 비우고 다른 사람을 빛나게 할 때, 비로소 진정한 리더가 됩니다.

오늘도 많은 리더들이 불면의 밤을 보내고 있을 겁니다. 하지만 좋은 약이 입에 쓰듯이 불편한 말들은 성장의 명약이 됩니다. 지금의 고비는 여러분의 리더십을 더욱 단단하게 만들어줄 것입니다. 한홍 목사의 『거인들의 발자국』에는 이런 구절이 나옵니다.

엘리트는 자신을 성공시키는 사람이고, 리더는 다른 사람들을 성공시키는 사람이다. 다른 사람들 속에 있는 잠재력을 발견하고 그것을 긍정적인 언어로 지적해주고 표현해줌으로써, 그의 자신감에 불을 붙이고, 그 가능성을 현실화시키기 위해 필요한 격려와 훈련을 받도록 해주고, (중략) 끝까지 힘을 실어주는 능력이 리더십이다.

신뢰받는 리더가 진짜 리더다

리더는 때로 구성원들을 성장시키기 위해 강하게 밀어붙여야 할 때도 있습니다. 리더가 높은 기준을 세우고, 그 기준에 맞춰 스스로와 팀원들을 독려하며 함께 노력할 때, 개인의 성장과 조직의 발전이 함께 이루어지기 때문입니다.

고운세상에서는 모든 임직원이 연 1회 이상 자기 분야의 세미나를 열도록 하고 있습니다. 동료와 상사 앞에서 자신의 지식을 드러내야 하는 부담스러운 자리입니다. 그러다보니 사내 익명게시판에 세미나에 대한 불만이 올라오기도 합니다. 하지만 저는 리더들이 자신의 분야에서 최고의 전문가가 되어야 우리 조직의 비전을 이룰 수 있다고 믿습니다.

리더는 구성원과 조직을 위한 옳은 길이라면 익명게시판에 어떤 말이 올라오더라도 할 일을 해야 합니다. 팀원들에게 관대하고 인기 많은 리더가 되고 싶어하는 것은 스스로 편안함에 안주하려는 것일지 모릅니다. 진정한 리더는 사랑받기보다는 신뢰받아야 합니다. 리더는 자신을 신뢰하는 팔로워를 만나야 리더로서 제 역할을 할 수 있습니다.

좋은 리더는 직원을 사지로 몰지 않는다

"장수는 병사를 사지死地로 내몰지 않는다"는 말이 있습니다.

처음 리더가 된 사람들이 가장 많이 하는 실수가 있습니다. 바로 준비되지 않은 팀원들에게 무리한 목표를 주고, 이를 달성하라고 몰아붙이는 것입니다. 준비도 전략도 없는 채로 시장에 뛰어들어 경쟁하게 만드는 것은 제대로 된 무기도 주지 않고 전쟁터에 방치하는 것과 같습니다. 그렇다면 결과는 아군의 전력 손실뿐입니다.

이는 리더가 자신의 목표를 혼동해서 벌어진 일입니다. 리더의 진정한 목표는 과업의 성공이 아니라, 함께 일하는 사람들의 성장입니다. 리더는 험한 비즈니스 세계에서 구성원들이 성장할 수 있도록 수단과 정보 그리고 지식을 제공하는 사람이어야 합니다.

첫 번째로 중요한 것은 충분한 '수단'입니다. 직원들이 성과를 낼 수 있는 환경을 조성해주는 것이 리더의 가장 큰 임무입니다. 10년 전 제가 처음 고운세상에 왔을 때, 해외영업팀 직원들이 개인 노트북 없이 공용 노트북으로 출장을 다니던 때가 있었습니다. 저는 그들에게 개인용 노트북을 지급해달라고 요청했고, 예산을 이유로 반대하던 관리 담당 임원과 "그럼 데스크톱을 등에 메고 출장 가라는 거냐?"며 언쟁까지 벌였습니다. 필요한 장비와 인프라가 마련되지 않은 상태에서 직원들에게 의욕과 열정만을 요구해서는 안 됩니다.

두 번째로, 업무를 관리하고 운영할 수 있는 '정보'가 제공되어야 합니다. 고운세상에서는 채널별·주요 제품별 일일 매출 현황을 전사적으로 공유함은 물론 상품 기획자나 디자이너는 자신이 만든 제품에 대한 피드백을 실시간으로 받습니다. 본인이 처리하고 있는 일의 상태나 성과에 대한 정보를 알아야 그에 맞게 자기 업무를 조정할 수 있기 때문입니다.

마지막으로, 성과에 필요한 지식을 배울 수 있는 환경을 만들어줘야 합니다. 구성원에게는 "내가 이 일을 더 잘하려면 어떤 지식이 필요할까?"라는 질문이 끊임없이 필요합니다. 만약 화장품 회사에서 마케팅 업무를 한다면 마케팅과 유통 관련 지식은 물론, 심리학, 사회학, 피부유형학, 화장품 성분학, 데이터 분석 등 모든 관련 지식을 갖추고 있어야 합니다. 그리고 이런 지식을 배울 수 있도록 뒷받침하는 곳이 바로 회사입니다.

바늘허리에 실 매어 쓸까

"급하다고 바늘허리에 실 매어 쓸까."

어릴 적, 할머니가 자주 하시던 말씀입니다. 눈이 침침한 할머니가 바늘귀에 실을 꿰는 일은 쉽지 않았습니다. 침을 묻혀 실 끝을 뾰족하게 만들고, 눈을 가늘게 떠 바늘귀에 살살 넣어보지만 번번이 실패하셨죠. 결국 제가 도와드리곤 했습니다.

이 말은 회사에서도 통용됩니다. 팀장 자리가 공석이 될 때, 많은 회사가 급한 마음에 서둘러 채용을 진행합니다. 내부에 적임자가 없으면 외부에서라도 영입해 빠르게 공백을 메우려고 합니다. 하지만 적합한 사람을 빨리 찾는 일은 쉽지 않습니다. 그래서 마음에 쏙 들지 않아도, 급한 대로 괜찮아 보이는 사람을 채용하게 됩니다. 문제는 그때부터 시작됩니다.

리더십이 검증되지 않은 사람을 팀장 자리에 앉히면, 팀 전체가 흔들리기 쉽습니다. 심지어 잘 굴러가던 팀이 붕괴되는 경우도 있습니다. 저 역시 고운세상에서 이런 실수를 몇 번이나 경험했습니다. 이는 그 사람의 잘못이라기보다, 리더십을 충분히 검증하지 못한 회사의 잘못입니다. 특히 내부 인력이라면 회사가 이미 당사자의 리더십에 대한 파악이 되어 있었음에도 충분한 교육과 준비 없이 역할을 맡긴 탓이기도 합니다.

급하다고 바늘허리에 실을 매는 실수를 범해선 안 됩니다. 리더 자리는 아무리 급해도 충분한 검증과 준비를 거쳐 임명해야 합니다. 적임자가 없다면, 차라리 공석으로 두고 차상위 리더가 임시로 이끄는 것이 더 나을 수 있습니다.

외부에서 리더급 인재를 영입해 올 때도 마찬가지입니다. 회사가 급성장할 때 많은 외부 인재를 영입하지만, 이들이 기대에 미치지 못하는 경우가 많습니다. 일단 시스템과 프로세스가 달라서 생기는 문제가 큽니다. 큰 회사에서만 일했던 사람을 작은 회사로 데려와 곧바로 성과를 기대하는 것은, 오토기어만 10년 이상 운전한 사람에게 수동기어 차를 몰고 빨리 달리라는 것과 마찬가지입니다.

두 번째로는 신뢰와 조직 문화의 차이에서 벌어지는 문제도 있습니다. 신뢰와 조직 문화는 단기간에 형성되지 않습니다. 성과는 팀원들 간의 신뢰와 협력이 쌓여야 나오는데, 이를 기다리지 않고 성과부터 요구하는 것은 우물가에서 숭늉을 찾는 격입니다. 보통 새로운 시야와 경험을 지닌 외부 인재가 성과를 내기까지는 1년 정도의 적응 기간이 필요합니다.

몇 번의 시행착오 끝에 저는 70%의 리더는 내부에서 키우고, 나머지 30%는 외부에서 영입하는 전략을 선택했습니다. 내부에서 육성된 리더들은 회사의 역사와 문화를 잘 알고 있습니다. 이들에게는 매년 새로운 도전 과제를 부여해 다양한 경험을 쌓도록 하고, 외부 전문가의 자문과 교육을 통해 전문성을 키우고 있습니다. 급하다고 바늘허리에 실을 매는 선택을 하지 않기 위해서는 언제든지 필요한 리더를 임명할 수 있도록 장기적인 계획으로 리더십을 양성해야 합니다. 그래야 기업이 성장통 없이 성장을 이어나갈 수 있습니다.

훌륭한 리더는 자기 자신을 먼저 돌본다

비행기가 이륙하기 전, 승무원은 승객에게 비상시 대처 요령을 알려주며 산소마스크 착용 시범을 보여줍니다. 이때 안내하기를, 비상시에는 본인이 먼저 산소마스크를 착용한 뒤 어린이나 주변 사람을 도와주라고 하죠. 만약 그 안내를 몰랐다면 저는 어떻게 행동할까요? 모든 부모가 그렇듯이 아마 급한 마음에 본능적으로 아이부터 챙겼을 겁니다.

하지만 항공기 운항 중에 기내 압력이 낮아지면 사람은 30초 안에 의식을 잃을 수 있다고 합니다. 산소마스크를 쓸 수 있는 시간 자체가 매우 촉박한 거죠. 만약 어른이 먼저 의식을 잃으면 아이는 물론 주변 사람들 누구도 도움을 받을 수 없게 됩니다. 최악의 상황을 막기 위해서 어른이 먼저 산소마스크를 써야 하는 이유가 여기에 있습니다.

저는 우리 회사 리더들에게 항상 이 이야기를 합니다. 리더는 자신의 상태를 먼저 살피고, 내 안에 에너지가 충분한지 돌아보아야한다고요. 먼저 스스로를 충만하게 채워야 다른 사람을 돕고 성장시킬 수 있기 때문입니다. 내 안에 자기 존중감이 있어야 타인을 존중할 수고, 내가 나를 신뢰해야 다른 사람도 내가 제시하는 방향을 따라옵니다. 리더십을 지닌 인재가 많은 조직은 더 강하고 오래갑니다.

제가 고운세상을 통해 우리 사회에 건강한 리더를 많이 배출하고 싶다는 꿈을 꾸는 이유가 바로 여기에 있습니다. 서로에게 빛이 되어주는 리더들이 모여 더 나은 세상을 만들어갈 수 있습니다. 앞으로도 리더십을 체계적으로 연구하고, 구성원 모두가 각자의 리더십 철학을 세울 수 있도록 도우며 더 나은 리더를 키우기 위해 최선을 다할 것입니다.

결국 자신의 삶에서는 자기 자신이 리더이기 때문입니다.

일의 주인이 된다는 말의
진짜 의미

프랑스 소설가이자 극작가 알베르 카뮈는 "노동을 하지 않으면 삶은 부패한다. 그러나 영혼 없는 노동은 삶을 질식시킨다"고 했습니다. 어차피 일을 해야 한다면 노예가 되기보다 스스로 주인이 되어 좀 더 능동적으로 일을 하는 편이 좋지 않을까요? 그런 의미에서 제가 그동안 직장 생활을 하며 깨우친 '슬기로운 직장 생활' 팁을 공개합니다. 얼핏 뻔한 이야기처럼 보이지만, 실제로 회사 생활에서 필요한 게 이 뻔한 노하우더군요.

새내기 직장인에게: 인사가 만사입니다

'인사가 만사다'라는 말은 원래 조직에서 사람을 잘 쓰는 것이 중요하다는 뜻입니다. 하지만 저는 이 말을 '조직에서 만나는 사람에게 밝게 인사하면 모든 일이 잘 풀린다'로 바꾸어 말하고 싶습니다. 회사에서 인정받기 위해서는 일을 잘해야 한다고 누구나 생각하지만, '일을 잘한다'는 것은 단지 업무 능력만을 의미하지 않습니다. 팀 분위기를 좋게 하고, 동료들이 더 잘할 수 있도록 돕는 것도 중요한 부분입니다. 가벼운 인사 한마디가 팀의 분위기를 밝게 만들 수도 있지요. 인사는 가장 적은 노력으로 큰 효과를 낼 수 있는 업무 스킬입니다.

경력 5년 차 직원에게: 아직 월클 아닙니다

경력 5년이면 자신의 분야에서 아는 것도 많고, 자신감도 넘치는 시기입니다. 하지만 회사에서 주도적으로 일을 진행하기에는 현실적인 제약이 많아 답답함을 느낄 때이기도 합니다. 또한 이직의 유혹이 가장 많이 다가오는 시기이기도 합니다. 물론 꼭 한 회사에서 경력 10년을 채울 필요는 없습니다. 더 좋은 직장을 찾아 떠날 수도 있고, 현재 직장에서 전문성을 쌓을 수도 있습니다. 하지만 어떤 경우에든 꼭 생각해봐야 할 것은 10년 차가 된 자신의 포트폴리오입니다.

손흥민 선수의 아버지 손웅정 감독은 2022년 한 예능 프로그램에 출연해 "우리 홍민이 아직 월클 아닙니다"라고 했습니다. 참고로 손 감독이 생각하는 월드클래스의 기준은 '전 세계 어떤 최고의 팀에서도 생존할 수 있는 선수'입니다. 즉 어떤 조건에서든 활약할 수 있는 선수가 바로 월드클래스라는 것이죠.

저도 경력 5년 차 여러분에게 같은 말씀을 드리고 싶습니다. 여러분, 아직 월클 아닙니다. 하지만 반드시 월클이 될 것입니다. 그것은 여러분이 5년 차를 어떻게 보내느냐에 달려 있습니다. 전 세계 어떤 최고의 팀에서도 생존할 수 있는 10년 차의 자기 모습을 상상해보시기 바랍니다.

초보 리더에게: 대신 뛰어서는 안 됩니다

부하 직원의 일에 문제가 생기면 답답한 마음에 직접 나서서 일을 처리하는 상사가 있습니다. 물론 상사는 부하 직원의 일에 관여하고 지원해야 하는 게 맞지만, 그 일의 책임까지 본인이 가져와서는 안 됩니다. 부하 직원이 '문제'라는 야구공을 던지면 바로 되돌려줘야 합니다. 리더는 그라운드 안에서 선수 대신 뛰어주는 사람이 아니라, 경기장 밖에서 선수들이 경기를 잘할 수 있도록 도와주는 사람입니다. 유능한 리더는 팀원들의 문제 해결 능력을 키워주며 성공의 경험을 맛보게 해주는 사람이지, 일을 직접 해주는 사람이 아닙니다.

경력직 이직자에게: 급히 족적을 남기려 애쓰지 마세요

경력직 이직자들이 흔히 저지르는 실수는 새 회사에서 입사 초기부터 자신의 족적을 남기려 애쓰는 것입니다. 출근 첫날부터 회사의 문제를 지적하고 고치려 하지만, 사실 새로 입사한 사람이 회사의 문제부터 지적하는 것은 좋은 시작이 아닙니다. 회사는 정면으로 부정당하는 것을 달가워하지 않습니다. 먼저 기존 구성원들과 신뢰를 쌓는 것이 중요합니다. 변화와 개혁은 신뢰를 쌓은 뒤에 해도 늦지 않습니다. 리더가 "맘껏 해봐!"라고 힘을 실어줄 때가 가장 좋은 타이밍입니다. 빨리 성과를 보여주고 싶겠지만, 호흡을 가다듬고 길게 바라보세요.

상사 때문에 힘든 직원에게:
무능한 상사를 차라리 칭찬해보세요

_____

직장 생활에서 상사는 복불복입니다. 천사처럼 이끌어주는 유능한 멘토를 만날 수도 있고, 앞길을 가로막는 벽처럼 무능한 상사를 만날 수도 있습니다. 하지만 벽을 만났다고 무조건 그 벽을 부숴서는 안 되겠죠. 심지어 무능한 사람일수록 똑똑한 부하를 경계합니다. 자신도 자신의 무능함을 알기 때문입니다. 이때 부하 직원인 당신이 상사보다 돋보이려 하면 상사를 적으로 만드는 결과가 됩니다.

차라리 상사를 고객이라고 보고, 고객을 만족시키는 것을 가장 중요한 업무로 생각해보세요. 상사에게 당신이 그의 성공을 돕는 조력자라는 확신을 심어줘야 합니다. 당장은 답답하더라도 상사와 트러블이 생겨 조직 생활에서 안 좋은 결과를 맞이하는 것보다, 상사의 신임을 얻고 자신의 재능을 펼치는 것이 장기적으로 유리합니다. 상사라는 벽에 부딪혀 직장 생활에 좌절을 겪기보다 상사라는 벽을 타고 더 높은 곳에 이르길 바랍니다.

모든 상사에게: '알잘딱깔센' 하시기를

'알아서 잘 딱 깔끔하고 센스 있게 하라'는 신조어 '알잘딱깔센'은 요즘 MZ세대에게 부정적인 의미로 다가옵니다. 이 단어를 부하 직원에게 쓰면, 제대로 된 업무 지시 없이 '세세하게 알려주지 않아도 스스로 알아서 잘하라'는 뜻이 내포되어 있기 때문입니다. 저도 직장 상사가 구체적인 지시 없이 "여러분, 알잘딱깔센 하세요"라고 하면 화가 날 것 같습니다.

사실 이 단어는 부하 직원이 아닌 상사에게 써야 합니다. 업무 지시를 할 때 '알아서 잘 딱 깔끔하고 센스 있게' 해야 하는 것이죠. 지시를 받는 팀원들 입장에서는 두 번 물어볼 필요 없이 이 일을 시키는 이유, 기대하는 결과물의 수준과 기한, 참고 자료 등을 미리 공유해주어야 업무에 혼선이 없습니다. 명쾌한 지시가 명료한 결과를 만듭니다.

부하 직원이 아니라 상사야말로 '알잘딱깔센' 해야 합니다.

모든 직원들에게: N분의 1만큼만 책임지면 됩니다

책임감이 지나치게 높은 사람들이 있습니다. 예를 들어, 영업 담당자가 매출 성과가 좋지 않으면 모든 책임이 자기에게 있다고 여기는 경우입니다. 하지만 영업을 열심히 해도 제품이 부족하면 성과가 나쁠 수 있고, 반대로 제품이 좋아도 마케팅이나 영업이 부족하면 결과가 좋지 않을 수 있습니다.

성과가 좋든 나쁘든 회사 일은 함께하는 겁니다. 책임은 N분의 1만큼만 지세요.

> 신뢰를 바탕으로 충돌을 두려워하지 않으며, 합의를 이루면 헌신하고 함께 책임진다.

고운세상의 회의실마다 붙어 있는 이 말처럼, 합의했다면 결과에 함께 책임지는 것이 진정한 팀입니다.

모든 성과에는
인과가 있다

미국 육군은 작전을 마친 후 반드시 AAR$^{After Action Review}$을 진행한다고 합니다. 이 단어는 '작전 후 돌아봄'을 뜻하며, 프로세스는 간단합니다. 작전 수행 뒤에 구성원들이 다음 질문에 대해 함께 논의하는 것입니다.

· 처음에 의도했던 것은 무엇인가?

· 실제로 얻은 결과는 무엇인가?

· 의도와 결과의 차이는 무엇인가?

· 차이가 발생한 원인은 무엇인가?

· 앞으로 해야 할 것과 하지 말아야 할 것은 무엇인가?

AAR의 핵심 원칙은 첫째, 효과적인 피드백을 위해 즉시 실행할 것, 둘째, 객관적인 시각을 유지할 것, 그리고 셋째, 다양한 관련자가 참여해 폭넓은 인사이트를 얻도록 할 것입니다.

현실에서 우리는 완료된 프로젝트에 대한 평가와 분석을 소홀히 하는 경우가 많습니다. 성공한 프로젝트는 축하하고, 실패한 프로젝트는 덮어두는 거죠.

이 모습은 『이솝 우화』에 나오는 '황금알을 낳는 거위'를 떠오르게 합니다. 과거의 성과와 실패를 돌아보지 않는다면 당장은 편할 수 있지만 결국 거위는 죽고 말 것입니다.

모든 기업에서 가장 중요한 것은 성과를 꾸준히 내는 일입니다. 지속적인 성과를 위해서는 거위를 건강하게 키우는 노력이 필요합니다. 평가하고 분석하며 정성껏 돌보아야만 거위는 황금알을 계속 낳을 수 있습니다.

성공도 실패도 복기가 필요하다

고운세상은 매년 두 번, '도장데이(도전과 성장 데이)'라는 행사를 엽니다. 이 행사는 각 팀이 성공과 실패의 원인을 분석하고 전 직원과 공유하는 자리입니다. 저와 임원진을 비롯한 직원들의 날카로운 질문을 받아야 하는 부담스러운 시간이지만, 그만큼 성장에 필수적인 과정입니다.

직원들은 가끔, 실패한 프로젝트뿐만 아니라 성공한 프로젝트를 이 자리에 세우는 이유를 묻습니다. 사실 조직에서 실패의 이유를 묻는 것은 당연합니다. 실패의 원인을 모르는 건 실패 자체보다 더 큰 문제이기 때문입니다. 하지만 성공의 원인을 모르는 것 또한 조직 입장에서는 독입니다. 어부지리로 혹은 우연히 얻는 성공은 우리의 실력이 아니기 때문입니다. 성공과 실패 모두를 복기하며 그 이유를 명확히 알 때 비로소 우리는 지속 가능한 성과를 낼 수 있습니다.

예를 들어 〈네고왕〉 프로모션을 진행하며 애초에 목표 매출을 50억 원으로 잡고 준비했는데, 실제로는 매출이 100억 원 가까이 나왔던 사례를 돌아보겠습니다. 이는 우리의 진짜 실력이 아니라 예측 오류입니다. 목표보다 잘해도 문제냐는 볼멘소리가 나올 법도 하지만, 실력으로 거둔 성과와 외부 요인으로 얻은 성과를 구분하는 능력이야말로 프로페셔널과 아마추어를 가르는 지점이 아닐까요? 그 이유를 모른다면 성공은 오히려 사람들을 자만에 빠뜨릴 수 있습니다. 바둑 기사들이 시합 후에 반드시 복기를 하듯, 우리도 그래야 합니다.

고운세상은 일상적으로 성과를 복기합니다. 2015년부터 성과관리 툴인 BSC^{Balanced Score Card}를 도입해 운영하고 있습니다. 우리는 이 시스템을 사용하여 매 분기 각 KPI(핵심성과지표)에 대한 성과를 리뷰합니다.

여기서 중요한 것은 점수 자체가 아니라, 조직의 활동과 성과 사이에 어떤 상관관계가 있는지를 분석하고 설명하는 것입니다. '어떤 활동을 했을 때 이런 결과가 나올 것이다'라는 가설을 수립하고, 그 가설에 따라 '어떤 성과를 거두었는지'를 제3자에게 설명할 수 있어야 그것이 진짜 성과이기 때문입니다. 성공의 원인을 아는 사람이 성공을 되풀이할 수 있습니다.

최고의 성과를 위한 강력한 조직 문화

고운세상에 합류한 후 제가 가장 먼저 한 일은 조직 문화를 재정비하는 일이었습니다. '하수는 돌을 아끼고 상수는 돌을 버린다'는 바둑판 속담이 있습니다. 바둑판 위에서는 의미를 가진 돌들만 살아남습니다. 회사가 하나의 바둑판이라면 경영자는 직원을 사석捨石의 자리에 둘 것인지, 포석布石의 자리에 둘 것인지를 결정해야 합니다.

사실 경영자로서 가장 어려운 일 중 하나는 사람을 내보내는 것입니다. 사람이라면 누구나 다 불편한 상황을 피하고 싶어하고, 이는 경영자라고 다르지 않으니까요. 하지만 조직에 해를 입히는 존재가 중요한 자리를 차지하고 있으면, 오히려 유능한 인재들이 떠나게 됩니다. 물론 해고에도 공정하고 엄격한 기준이 필요합니다. 저는 이런 기준을 사용합니다.

· 소통 부족형: 동료들과 소통하지 않는 사람.

· 성장 방해형: 부하 직원을 신뢰하지 않고, 성장을 가로막는 사람.

· 변화 거부형: 과거의 경험에만 갇혀 변화를 거부하는 사람.

· 무책임형: "위에서 하래" 같은 무책임한 말로 본분을 다하지 않

는 사람.

· 팀워크 파괴형: 동료를 힘담하며 조직의 협력을 저해하는 사람.

· 자기 인식 결핍형: 고정된 사고로 자신을 과대평가하는 사람.

이러한 문제점을 가진 사람들의 경우 지속적인 피드백과 코칭 등을 통해서 개선의 기회를 제공합니다. 그 과정에서 실제로 개선되는 사람도 있습니다. 하지만 그럼에도 끝까지 변하지 않는 사람에게는 우리와 함께 갈 수 없겠다고 솔직하게 이야기합니다. 고용과 해고의 기준은 바로 그 회사의 핵심 가치여야 합니다.

한편으로는 유능한 인재들이 최고의 성취를 이룰 수 있도록 성과를 낼 수 있는 환경을 조성하고, 전체 프로세스를 효율적으로 만들었습니다. 프로세스는 부서 간의 소통 체계를 의미합니다. 좋은 프로세스를 가진 조직은 '빠르고, 저렴하고, 세련되게' 일하고, 프로세스가 원활하지 않은 조직은 '느리고, 비싸고, 매력 없게' 일합니다. 고객은 어떤 회사의 제품과 서비스를 원할까요? 프로세스 경쟁력은 지속적인 성과를 유지하고, 더 나아가 조직의 미래를 위한 길을 여는 핵심 열쇠입니다.

이를 위해서는 각 부서가 유기적으로 맞물려 잘 작동해야 하며, 또 모든 구성원이 자신의 성과 책임을 정확히 알고 일해야 합니다.

예를 들면, 고운세상 CEO로서 제 성과 책임은 다음과 같습니다.

- 조직의 지속 가능성을 높인다.
- 건강한 조직 문화를 조성한다.
- 적합한 인재를 확보하고 육성한다.
- 주주, 고객, 직원 간의 이해관계를 조정한다.

저는 이 성과 책임에 따라 매년 목표를 세우고, 우선순위에 따라 업무 시간을 배분합니다. 연말에는 이 책임을 얼마나 잘 수행했는지 스스로 평가합니다. 그리고 제 성과 책임에 따라 유관 부서의 리더들 역시 각자의 성과 책임을 정합니다. 이렇게 전체 조직은 각 직책과 직무별 성과 책임에 맞춰 움직입니다.

성과 책임이 불분명하면 그 업무는 누구의 일도 아닌 애매한 영역이 되어버립니다. 반대로 성과 책임이 명확하게 정립되고 공유되면, 구성원의 기대치에 대한 오해가 생기지 않고, 빠르고 효율적으로 일할 수 있습니다. 그래서 고운세상은 '사람이 일을 하지 않고 조직이 일을 한다'고 할 정도로 체계적인 프로세스를 자랑합니다.

모든 성과에는 이유가 있습니다. 성공과 실패를 복기하고, 그 속에서 배움을 찾아낼 때 우리는 더 강하고 지속 가능한 성과를 이룰 수 있습니다. 고운세상의 조직 문화는 성과의 원인을 묻고, 답을 찾아, 함께 성장하는 길을 만들어갑니다. 강력한 조직 문화 없이 기업은 존속할 수 없습니다.

Part
4

연대:
이타적인 모두가
함께 승리한다

내리사랑은 반드시
아래로 흐른다

"이 간장 종지 같은 놈아!"

첫 직장에서 김장진 상무님께 자주 들었던 말입니다. 신입 사원 시절, 저는 한 가지 일에 오래 집중하지 못하고 금방 싫증을 내곤 했습니다. 상무님은 그런 저를 보고 간장 종지 같다고 하셨습니다. 그분의 잔소리가 듣기 싫어 자주 도망 다니기도 했습니다. 그러고 보니 그 작던 간장 종지가 어느새 커져 이렇게 많은 직원을 품는 항아리가 되었습니다.

상무님은 매일 새벽 기도를 마치고 사무실로 출근하실 만큼 독실

한 크리스천이셨습니다. 책상 위에는 항상 묵상록이 놓여 있었는데, 어느 날 우연히 그 묵상록의 한 페이지에서 "이주호를 위해서 기도합니다"라는 문구를 보게 되었습니다. 그 순간 가슴이 뭉클했습니다. 그분의 호된 꾸지람과 잔소리가 모두 저를 위한 사랑의 표현이었음을 깨달았기 때문입니다.

그 후로도 저는 몇 번의 이직을 반복했고, 그때마다 상무님의 잔소리를 들었습니다. 하지만 그분은 늘 "그래도 너는 언젠간 잘될 거다"라는 따뜻한 말씀을 잊지 않으셨습니다.

돌아보면, 삶은 쉽지 않았고 오래된 상처들이 저를 괴롭혔습니다. 그러나 제 곁에는 늘 이렇게 따뜻한 사랑과 신뢰가 있었습니다. 그때는 제 상처에 급급해 미처 보이지 않았을 뿐입니다. 하지만 지나고 나니, 조막만 한 간장 종지를 지금까지 키워준 것은 다름 아닌 선배들의 내리사랑이었습니다.

내리사랑은 반드시 아래로 흐른다

첫 직장에서 처음으로 외환 업무를 맡게 된 날이었습니다. 선물환 계약을 위해 거래 은행 딜링 룸에 전화를 걸었습니다. 전화 신호음이 울리는 짧은 순간에도 100만 달러짜리 계약을 한다는 사실에 입술이 바짝 말랐습니다.

"네, ○○은행 딜링 룸입니다."

드디어 딜러의 목소리가 들려왔습니다. 저는 떨리는 목소리로 말했습니다.

"저, 100만 달러 Buy(원화를 팔고 외화를 삼)하려고 하는데요."

담당 딜러는 보통 'Sell(외화를 팔고 원화를 삼)'만 하던 우리 회사가 반대 계약을 하려는 게 이상했는지 다시 물었습니다.

"Buy 맞나요? 그러면 은행이 팔고 회사가 삽니다. 맞습니까?"

당황한 저는 얼떨결에 "네, 맞아요"라고 대답하고 서둘러 전화를 끊었습니다. 마치 무엇에 홀린 것 같았습니다.

잠시 후 은행에서 다시 전화가 왔고, 팀장님을 바꿔달라고 했습니다. 전화를 받은 팀장님은 "아, 우리 직원이 잘못 말했나보네요"라고 하셨습니다. 그제야 큰일이 났음을 직감한 저는 눈앞이 캄캄해졌습니다. 로이터 현황 화면을 보니 환율은 이미 30원 이상 떨어져 있었습니다.

팀장님은 제게 다시 전화기를 내미셨습니다. 다시 반대계약을 하라는 것입니다. 이미 실수를 저지른 직원을 어떻게 믿고 다시 기회를 주시는지 모르겠지만, 얼른 다시 전화를 걸었습니다. 하지만 이미 회사는 당시 제 연봉의 두 배에 가까운 3000만 원의 손해를 보게 되었습니다. 멋지게 첫 외환 딜링을 해내려던 제 기대는 그렇게 무너져 내렸습니다.

사색이 되어 어쩔 줄 모르는 제게 팀장님은 그저 어깨를 두드려줄 뿐이었습니다.

"괜찮아, 수업료 냈다고 생각하고 다음에 잘해서 만회하자. 넌 잘할 거야."

순간 눈물이 핑 돌았습니다. 다음부터는 정신 바짝 차리고 더 잘해야겠다고 다짐했습니다. 이렇게 믿어주는 팀장님을 실망시켜드리고 싶지 않았기 때문입니다.

몇 년 후, 다른 회사에서 팀장이 된 어느 날이었습니다. 저녁 6시가 넘은 시각, 부가세 업무를 맡은 팀원이 하얗게 질린 얼굴로 찾아왔습니다. 오늘이 부가세 신고 마감일인데 신고를 못 했다는 것입니다. 울먹이는 팀원에게 "당황하지 말고 일단 세무서 담당자와 통화해서 방법을 찾아보자"고 말했습니다.

긴장된 얼굴로 전화를 하던 직원의 표정이 금세 밝아졌습니다.

"팀장님, 일단 전산 신고는 지금 하고 서류는 내일 아침까지 가져오래요!"

이때 선배로서 따끔하게 혼을 내거나 설교를 늘어놓을 수도 있겠지만, 저는 그저 신나서 보고하는 모습이 기특했습니다.

"덕분에 가산세도 안 물게 됐네. 잘했어."

마치 옛날 제 모습을 보는 것 같았기 때문입니다.

저는 아이를 낳고 기르면서 이런 내리사랑의 마음을 더욱 실감했습니다. 아이들이 걸음마를 배울 때를 떠올려봅시다. 한 발짝도 못 가 넘어지기를 수없이 반복합니다. 그때마다 부모는 안타까운 마음에 박수를 치며 응원합니다. 두 발짝만 떼도 환호성을 지르고 발을 동동 구르며 기뻐하는 것이 내리사랑의 마음입니다.

흔히 상사들은 말합니다. 부하 직원에게 일을 믿고 맡기고 싶어도 불안해서 못 맡기겠다고. 하지만 그렇지 않습니다. 그들이 능력이 없는 것이 아니라, 능력을 발휘할 기회를 얻지 못했을지도 모릅니다. 유능한 인재를 확보하는 것만큼이나, 그들에게 도전의 기회를 주고 실패해도 괜찮다는 신호를 보내는 용기가 필요합니다. 넘어지면 일어나라고 박수를 쳐주고, 걷기 시작하면 잘한다고 응원해주어야 합니다. 내리사랑은 반드시 아래로 흐르기 때문입니다.

사람은 기대받는 만큼 행동한다

얼마 전 대학 동기 모임에서 친구들을 만났습니다. 법무법인을 운영하는 한 친구는 요즘 젊은 변호사들이 1~2년 일하고 더 큰 로펌으로 이직해 어려움을 겪고 있다고 하소연했습니다. 다른 친구들도 비슷한 고민을 토로했습니다. 저 역시 경영자로서 그들의 고충을 이해합니다.

하지만 젊은 직원들이 단지 더 높은 연봉을 위해 이직하는 것일까요? 우리 회사에도 대기업에서 인정받을 만한 역량과 실력을 가진 직원들이 많습니다. 그러나 그들 모두가 이직하지는 않습니다. 저도 예전 회사에서 이직을 고민한 적이 있었지만, 상사의 한마디가 떠난 마음을 다시 붙잡았습니다.

"주호야. 난 네가 필요하다."

이렇게 자신이 필요하다는 말을 들은 직원은 쉽게 이직하지 않습니다. 이 회사에서 자신이 인정받고, 또 성장할 기회가 있다고 느낀다면 말이죠. 능력 있는 직원들이 회사를 떠난다면, 그 원인을 잘 분석해야 합니다. 성장할 기회가 부족했거나 충분한 인정과 보상을 받지 못했기 때문일 수도 있습니다.

젊고 능력 있는 직원들은 동물원의 맹수와 같습니다. 노련한 리더는 맹수 조련사입니다. 신선한 고기를 던져주지 않으면 곧 우리를 뛰쳐나갈 맹수들처럼, 능력 있고 성장 욕구가 강한 직원들에게는 지속적인 도전 과제와 성과에 대한 감사, 그리고 이에 상응하는 보상이 필요합니다. 사람은 보통 기대받는 만큼 행동하기 때문입니다.

예전에 어느 기업에서 유연근무제를 시행하면서 직원들의 마우스 움직임을 20분마다 체크한다는 소식이 논란이 되었습니다. 이 소식을 들으며 저는 안타까웠습니다. 왜 제도를 성실한 직원이 아니라, 가장 낮은 수준의 직원에 맞춰 설계할까요? 제도는 대다수의 성실한 직원을 기준으로 만들어져야 합니다.

고운세상은 주 2회 원하는 장소에서 근무할 수 있는 '책임근무제'를 시행하고 있습니다. 저는 회사의 리더들에게 팀원들이 PC 앞에 앉아 있는지 확인하지 못하게 지시했습니다. '자율과 책임' 그리고 '상호 신뢰'라는 가치를 지키기 위해서입니다.

고운세상의 직원들은 현재 주 2회 재택근무가 중단될까봐 오히려 사무실에서보다 집에서 더 열심히 일한다고 합니다. 한 사람의 일탈이 다른 동료에게 피해를 줄까봐 조심하는 것입니다. 회사가 직원들을 믿어주면, 직원들도 책임감을 갖고 더 잘하려고 합니다. 직원들은 양심이 있고 직업윤리를 가진 어른들입니다. 회사가 그들을 어른답게 대하고 있는지, 혹은 반대로 어른답지 않게 만들고 있지는 않은지, 다시 돌아볼 때입니다.

배운 대로 실천하는 삶

신입 사원 시절, 김장진 상무님은 명절마다 옛 상사들에게 선물을 보내셨습니다. 그러면서 저에게 "너도 나중에 나 은퇴하면 잊지 말고 선물 보내라. 하하하"라며 농담처럼 말씀하셨습니다. 그 말이 떠올라, 저도 은퇴하신 선배님들께 명절마다 작은 선물을 보내고 있습니다. 자신이 키워낸 후배가 성장해서도 잊지 않고 챙겨주는 것만큼 기분 좋은 일이 있을까요?

저의 학창 시절도 내리사랑의 결과물이었습니다. 원종목 회장님, 문병용 선생님 등 여러 고마운 분들 덕분에 중학교부터 대학교까지 학업을 마칠 수 있었기 때문입니다. 그 고마움에 항상 마음의 빚을 지고 살아왔습니다. 그래서 작게나마 모교에 기부를 통해 감사의 마음을 전하며 그 빚을 조금 덜어낼 수 있었습니다. 삶은 받은 만큼 되돌려주는 아름다운 여정이라는 생각을 해봅니다.

우리는 받은 사랑과 신뢰를 또 다른 누군가에게 전하며, 기대와 믿음의 선순환을 만들어갑니다. 사람은 자신을 믿어주는 존재를 위해 최선을 다하기 때문입니다. 좋은 리더는 구성원에게 기대와 신뢰를 주는 사람입니다. 그리고 우리는 모두, 서로에게 그런 기대를 주는 사람이 될 수 있습니다.

일요일 오후 3시의
마음가짐

2023년 회사 송년회를 할 때였습니다. 직원들이 제 입사 10주년을 기념해 편지를 넣은 앨범과 '우리들의 필립상' 트로피를 깜짝 선물로 주었습니다. 필립은 회사 구성원 모두가 동등하게 부르는 제 영어 이름입니다. 그때 저는 수상 소감에서 이렇게 말했습니다.

예전 회사에서 힘들었던 시절, 일요일 오후 3시가 되면 가슴이 답답해졌습니다. 저녁을 먹어도 소화가 안 되고 속이 더부룩했죠. 월요일 아침에 출근해야 한다는 생각이 저를 짓눌렀기 때문입니다. 그래서 저는 늘 우리 고운세상 직원들은 매주 일요일 3시가 되어도 답답한 기분이 아니길 바랍니다.

회사가 직원에게 해줄 수 있는 배려는 바로 이런 것입니다. 일요일 오후 3시에도 가슴이 답답하지 않은 직장, 좋은 동료들과 함께 행복하게 일할 수 있는 직장, 월요일 아침이 두렵지 않은 직장을 만드는 것입니다. 그래서 제가 생각하는 좋은 회사는 '일요일 오후 3시에도 출근할 생각에 가슴이 답답해지지 않는 회사'입니다.

기쁜 일에도, 슬픈 일에도 나를 든든하게 지탱해주는 조직, 언제나 함께하고 싶은 즐거운 곳, 나를 인정해주고 사랑해주는 존재. 그기분 좋은 감정이 애사심과 소속감을 만듭니다. 회사가 줄 수 있는 최고의 선물은 바로 그 무한한 사랑입니다.

사랑은 베푼 만큼 돌아온다

코로나 사태 초기의 일입니다. 당시 저는 치료센터에서 퇴소하는 직원들에게 집으로 꽃을 보냈습니다. 왜 갑자기 꽃을 보냈냐고요? 그때만 해도 코로나에 대한 공포감이 극심했기 때문입니다. 우리 회사에도 첫 확진자가 나오자 온 회사가 발칵 뒤집혔습니다. 보건소에서 역학조사를 나온 그날, 전 직원이 조퇴를 했고 회사는 사흘 동안 문을 닫았습니다.

지금은 웃으며 이야기할 수 있지만, 당시에는 확진자에 대한 사회적 비난이 거셌습니다. 본의 아니게 확진된 직원들은 마치 큰 잘못을 저지른 사람처럼 미안해했습니다. 그래서 꽃을 보내 안심시키고, 그들이 죄책감에서 벗어날 수 있도록 위로하고 싶었습니다.

그리고 복귀 첫날에는 함께 점심을 먹었습니다. 다른 직원들이 혹시 꺼릴까봐 걱정되었기 때문입니다. 제가 먼저 나서서 함께 밥을 먹는다면 괜한 우려도 잠재울 수 있으리라 생각했습니다. 코로나19는 미지의 질병이었고, 모두가 막연히 불안해할 때 제가 보여줄 수 있는 최대한의 사랑과 배려를 보여줘야 한다고 믿었습니다.

사랑의 크기는 상대방에게 쓰는 시간의 양에 비례합니다. 우리가 사랑을 표현하는 가장 좋은 방법은 상대방의 이야기를 진지하게 들어주는 것입니다. 누군가가 자신의 이야기를 진심으로 들어줄 때, 사람은 그 자체로 존중받고 있다고 느낍니다. 여기에 맛있는 음식까지 더해진다면 더할 나위 없겠죠.

그래서 한 달에 두 번 특별한 점심 식사 시간을 마련합니다. 선착순 다섯 명 신청을 받고, 직원들이 고른 메뉴로 식사를 합니다. 인기 메뉴는 한우 오마카세, 일식 오마카세, 한우구이 등인데, 보통 3개월

이상 기다려야 할 정도로 인기가 많습니다.

다른 회사 대표들로부터 직원들과 점심을 너무 비싼 곳에서 먹는 게 아니냐는 이야기도 들었지만, 제 철학은 확고합니다. 사실 저는 신입 사원 시절부터 이해가 안 됐거든요. 왜 사장님들은 거래처 손님과 식사할 때는 비싼 곳에 가면서, 회식 때는 삼겹살만 먹으라고 하는 걸까요? 그래서 저는 나중에 사장이 되면 직원들에게도 똑같이 좋은 음식을 대접하겠다고 결심했습니다. 직원들도 회사의 손님이자 고객이기 때문입니다.

이런 이야기를 하면 종종 쓴소리도 듣습니다. '그건 포퓰리즘이 아니냐'는 비난도 받습니다. 하지만 저는 분명히 믿습니다. 직원이 어려울 때 회사가 직원을 지켜주면, 회사가 어려울 때 직원도 회사를 지켜줄 것입니다. 회사가 직원을 정성으로 대하면 직원들도 회사에 정성을 다하게 됩니다. 이것은 이상론이 아니라, 인생에서 배운 간단한 법칙입니다. 사랑은 베푼 만큼 돌아옵니다.

동료애는 대화에서 비롯된다

매주 수요일, 고운세상의 점심시간은 두 시간입니다. 예전에 팀별로 돌아가며 점심식사를 할 때, 식사 후 사무실 근처 카페에서 열 명 남짓한 직원들이 푹신한 소파에 앉아 담소를 나누는 모습이 참 보기 좋았습니다. 그래서 여유롭게 동료들과 이야기를 나눌 수 있는 시간을 만들었습니다. 이렇게 시작된 것이 매주 수요일 '두' 시간의 '런'치 타임, '두런두런 타임'입니다.

점심시간이 두 시간이 되자, 회사 생활이 달라졌다는 이야기가 많습니다. 두런두런 타임에는 평소 만나기 어려웠던 다른 팀 동료들과 식사를 하기도 하고, 친구를 만나거나, 미용실에 다녀오기도 합니다. 특히, 저녁 시간을 자유롭게 이용하기 어려운 워킹맘들에게 큰 호응을 얻고 있습니다.

매주 한 시간을 1년으로 환산하면 52시간이 됩니다. 회사 입장에서는 근무시간이 1년에 약 52시간 줄어드는 셈이지만, 그 시간은 결코 낭비가 아닙니다. 두 시간의 여유가 가져다주는 직원들의 만족감은 그 시간을 훨씬 뛰어넘는 긍정적인 효과를 만들어냅니다. 인심은 곳간에서 나온다고, 사람은 여유가 있을 때 주위 사람도 돌보는 법입니다. 무엇보다 두런두런 타임을 통해 직원들 간의 정서적 유대감이 깊어지면서, 높은 생산성의 보이지 않는 기반이 됩니다. 함께 이야기를 나누는 시간만큼 동료애는 깊어지기 때문입니다.

서로를 더 잘 알아가기 위해 2023년부터 저는 직원들과 직접 커피를 마시며 소통하는 '고운챗'을 진행 중입니다. 예전에는 제가 주로 말하고 직원들이 듣는 편이었지만, 고운챗에서는 반대가 되었습니다. 직원들이 즐겁게 이야기하는 모습을 보면서, 저도 그들의 이야기에 점점 빠져들게 되더군요. 직원 한 사람 한 사람의 생각과 꿈, 고민을 듣다보면 시간이 훌쩍 지나가곤 합니다.

이렇게 이야기를 나누다보면, 우리 구성원들 중에 참 대단한 사람이 많다는 것을 느낍니다. 회사를 다니며 스피치 학원에 다니거나 글쓰기를 즐기는 사람도 있고, 많은 팔로워를 가진 인플루언서도 있으며, 자기 관리를 철저히 하며 일에 대해 진지하게 고민하는 이들도 있죠. 이런 훌륭한 구성원을 그저 200명 중 하나로 지나친다면, 그것이야말로 저에게 큰 손실이겠다는 생각이 들었습니다. 알면 사랑하게 된다는 말이 있습니다. 이런 소통과 교감이 우리 안의 단단한 동료애로 자리 잡을 것이라 믿습니다.

얼굴을 보며 일해요

거리가 멀어질수록 소통이 줄어든다는 연구 결과가 있습니다. 공간은 조직 내 소통에 큰 영향을 미칩니다. 우연히 마주친 동료와 나누는 짧은 대화 속에서도 좋은 아이디어가 떠오르고, 팀워크가 강화됩니다.

그래서 고민 끝에 사무실을 한 층에 모았습니다. 11층 사무실 중앙에 있던 대형 교육장을 허물고 모든 부서를 한 공간으로 통합한 것입니다. 현재 고운세상은 1층 라운지와 11층 사무실로 구성되어 있습니다. 1층은 외부 손님 응대와 직원들의 자유로운 소통을 위한 라운지로 활용되며, 타운홀 미팅이나 외부 강연 장소로도 사용됩니다. 11층은 전 직원이 함께 근무하는 공간입니다. 공간을 여유 있게 쓰기는 힘들지만, 모두가 가까이 모여 소통하며 일할 수 있다는 장점이 있습니다.

모든 부서를 한 층에 모은 이유는 바로 소통을 위해서입니다. 얼굴을 마주하고 나누는 대화는 메신저나 전화로 하는 소통과는 질적으로 다릅니다. 직원이 여러 층에 분산되어 있으면 자연스럽게 얼굴을 보고 소통할 기회가 줄어들 수밖에 없고, 오해가 생길 여지도 많아집니다.

물론 항상 동료와 마주 보며 일하는 게 쉬운 일만은 아닐 겁니다. 그래서 사무실의 기둥에 다음과 같은 글귀를 적어두었습니다.

· 눈칫밥 먹지 말고 집밥 먹어요.

· 시간보다 성과가 먼저예요.

· 불편해요? 참지 말고 말해요.

· 떠넘기지 말고 함께 해결해요.

· 하루 전에 요청하면 하루 만에 안 돼요.

일을 하다보면 화가 나거나 속상할 때도 있습니다. 그런 순간에는 화를 내기보다 한 번 더 생각해보자는 의미에서 이런 글귀들을 적어 두었습니다. 어떤 상황에도 우리는 얼굴을 마주 보고 소통해야 합니다. 동료의 얼굴 속에 담긴 진심이 바로 소통이고, 그 소통이 이해를 낳기 때문입니다.

함께 여행을 떠나는 이유

고운세상에는 직원들이 연중 가장 기다리는 행사, '자율 워크숍'이 있습니다. 이 제도는 제가 〈알쓸신잡〉이라는 TV 프로그램을 보다가 떠올렸습니다. 〈알쓸신잡〉은 작가 유시민과 소설가 김영하 등 출연 진이 지방 소도시를 탐방하며 이야기를 나누는 프로그램입니다. 저 는 회사의 워크숍도 이렇게 소규모로 조를 짜서 각각 가고 싶은 곳으로 가면 좋겠다고 생각하고 실행에 옮겼습니다.

고운세상의 자율 워크숍은 이렇게 진행됩니다. 먼저, 회사에서 직원 1인당 적정 예산을 책정하고 조 추첨을 합니다. 한 조에 속한 네 명은 모두 다른 본부 소속으로 구성됩니다. 이렇게 편성된 조는 각각 원하는 곳으로 워크숍을 떠납니다. 행선지는 조별로 자유롭게 정하며, 때로는 해외로 떠나기도 합니다. 일본, 홍콩, 싱가포르, 베트남 등으로 행선지를 정한 조들도 있었는데, 모두 닥터지가 진출한 국가들입니다. 회사는 예산만 지원하고 그 외에는 일절 관여하지 않습니다.

워크숍을 다녀오면 회사 분위기가 조금씩 달라집니다. 짧게는 1박 2일, 길게는 4박 5일 동안 낯선 곳에서 함께 지내며 동료들과 친구처럼 가까워지기 때문입니다. 특히 다른 본부 소속 동료들과 한 조가 되어 여행했기에, 각 부서의 소통과 협업도 더욱 원활해집니다.

직장생활이 힘든 이유는 여러 가지가 있지만, 그중 하나가 동료 관계입니다. 그만큼 동료 관계는 직장 생활에서 큰 비중을 차지합니다. 반대로 동료 관계가 좋으면 직장 생활이 즐겁다는 이야기도 됩니다. 아무리 어려운 일이 있어도, 속마음을 털어놓을 동료가 있으면 그만큼 견디기 쉽기 때문입니다.

그래서 회사는 구성원이 심리적 안정감을 지니고 일에 집중할 수 있도록, 동료들과 좋은 관계를 맺을 기회를 제공해야 합니다. 함께 이야기를 나누고, 얼굴을 마주 보며 일하고, 서로를 알아가는 시간도 가져야 하며, 때로는 함께 여행을 떠나며 소통하는 기회도 마련해야 합니다. 이 모든 것은 단순히 생산성을 높이기 위한 수단만이 아니라, 회사를 진정한 공동체로 만드는 길이기도 합니다. 회사는 일을 위해 생겨난 공동체지만, 그 일을 하는 것은 결국 사람이기 때문입니다.

'뒷담화' 대신 '앞담화'를 하는 회사

사람들은 왜 '뒷담화'를 할까요? 심리학자들에 따르면, 뒷담화를 하는 사람들은 대개 충분히 행복하지 않다고 합니다. 타인을 깎아내리며 자신이 더 행복하다고 믿으려는 '정신승리'를 하는 것이죠. 조직에서 다른 동료를 비난하는 것도 마찬가지입니다. 뒷담화를 하는 사람들은 '내가 회사에 기여하는 만큼 충분히 인정받지 못하고 있다'고 느낄 때, 동료나 부서를 깎아내리며 심리적 보상을 얻으려 합니다. 결국 직장에서의 뒷담화는 그 말을 꺼낸 사람이 인정과 칭찬에 목말라 있다는 신호입니다.

그렇다면 사내 뒷담화를 없애기 위해서는 어떻게 해야 할까요? 무엇보다 인정과 칭찬에 목마른 이들이 없도록, 서로를 더 많이 인정하고 칭찬하는 문화를 만들어야 합니다. 소외되고 억울한 직원이 사라지면 뒷담화도 사라질 것이기 때문입니다. 그래서 저는 회사 차원에서 소통의 장을 많이 마련하고자 했습니다. 회사와 동료에 대한 뒷담화 대신 앞담화를 할 수 있는 무대를 깔아준 것이죠.

우선, 조직 내에서 다른 사람의 성과를 공개적으로 칭찬하고 인정하는 문화를 조성하고자 했습니다. 각 부서가 진행하는 모든 업무는 주간 단위로 전 직원이 공유합니다. 각 팀의 성과는 회사 게시판에 실시간으로 올라오고, 매일 아침 주요 제품의 일일 판매 현황이 전 직원에게 메일로 공유됩니다.

신제품을 출시하기 전에는 해당 프로젝트에 참여한 상품 기획자와 패키지 디자이너는 물론 담당 마케터까지 전 직원 앞에서 프로젝트에 관해 발표합니다. 또한 고운세상 직원들은 자신의 업무를 통해 배운 지식을 팀원들 앞에서 세미나 형식으로 공유하고, 연말 성과 평가 전에 한 해 동안의 성과를 동료들 앞에서 발표합니다. 이 모두가 자신이 이룬 결과를 당당히 앞에서 선보이는 문화를 자연스럽게 정착시키기 위한 노력입니다.

우리는 겸손을 미덕으로 여기는 가치관을 주입받으며 자라납니다. 그 때문에 자신의 성과를 드러내는 일을 부끄럽게 여깁니다. 마음속으로는 인정받고 칭찬받고 싶지만, 한편으론 자랑이나 자기과시를 한다며 눈총을 받을까봐 두려워합니다. 하지만 내놓고 서로를 칭찬하고 인정하니 회사에서 뒷담화가 사라졌습니다. 모든 동료가 자신이 한 일을 알고 인정해주니 서운함이나 억울함이 없기 때문입니다. 오히려 열심히 일하는 동료들에게 자극을 받아 더욱 성장하려는 직원들이 늘었습니다.

그래서 고운세상은 서로 많은 소통을 하려 노력합니다. 2024년에는 직원들이 참여하는 직원 만족도 조사를 통해 직원들의 목소리를 듣고, 여기에서 지적된 회사의 문제점과 개선점을 리더들과 논의해 직원들 앞에서 답변했습니다.

모든 개인이 지니고 있는 인정욕구를 건강하게 충족시키면 뒷담화도 사라집니다. 이를 위해선 회사도 구성원도 서로의 목소리를 진지하게 들으며 솔직하게 소통하려는 노력이 필요합니다. 인정과 존중이 넘치는 환경에서는 뒷담화가 설 자리가 없습니다.

동료의 인정이 최고의 보상이다

고운세상에서는 연말 송년회를 앞두고 '슈퍼고운이'를 선발합니다. '슈퍼루키상'은 올해 입사한 새내기 중 열정과 성실함으로 동료들의 마음을 사로잡은 직원에게 주는 상입니다. '보배상'은 '보'고 '배'울 점이 많은 동료에게, '리액션상'은 빠르고 정확한 피드백을 주는 동료에게 주어집니다. 이 외에도 '협업상', '팀워크상', '스마일상' 등 다양한 부문에서 시상이 이루어지며, 모든 상은 동료들의 추천과 투표로 선정됩니다.

송년회의 하이라이트는 언제나 '슈퍼고운이' 시상식입니다. 함께 일하는 동료들이 자신을 후보자로 뽑아주었다는 사실에 감동하는 수상자들의 모습을 보며, '동료들의 인정이 최고의 보상'이라는 말을 떠올리게 됩니다. 우리 모두에게는 인정받고 싶은 욕구가 있습니다. 인정욕구는 인간이 집단 속에서 자신을 위치시키고 소속감을 느끼기 위해 자연스럽게 생기는 것입니다. 하지만 이 욕구가 충족되지 않으면 자존감이 떨어지고, 일에 대한 의욕도 감소하며, 심할 경우 우울감이나 불안감을 느끼기도 합니다. 반면에 인간은 자신이 속한 집단에서 긍정적인 평가를 받을 때, 자신이 의미 있는 존재라는 확신을 가지게 됩니다. 고운세상의 높은 생산성의 비결은 바로 이렇게 햇살처럼 따뜻한 동료의 인정이었습니다.

스피노자는 그의 책 『에티카』에서 과대평가에 대해 이렇게 정의했습니다.

> 과대평가란 사랑 때문에 어떤 사람에 대해 적정 이상으로 대단하게 여기는 것이다.

사랑하는 마음이 없으면 과대평가도 할 수 없다는 것이죠. 연인이 "당신은 이 세상에서 가장 멋진 사람이야"라고 말한다면, 이는 객관적인 평가가 아니라 사랑에서 비롯된 주관적인 시선입니다. 만약 지금 내 옆에 있는 사람이 최고로 보이지 않는다면, 그 사람을 사랑하지 않는 것입니다. 동료를 사랑으로 바라볼 때 서로의 잘하는 점을 칭찬할 수도 있습니다.

아마도 지금의 20대들은 태어나면서부터 무한 경쟁이라는 현실에 던져졌을 것입니다. 하지만 그렇지 않던 시절도 있었습니다. 저는 참기름을 짜듯 사람들을 쥐어짜지 않아도, 서로를 지켜주고 존중하면서도 성과를 낼 수 있다는 것을 보여주고 싶습니다. 이윤과 성과를 내기 위해 서로를 다그치거나 끝없는 경쟁으로 소모시키지 않아도, 동료애와 따뜻한 인정 속에서 더 나은 결과를 만들어낼 수 있다는 믿음을 실천하고자 합니다.

'사람'이 먼저고 '비즈니스'는 그다음입니다.

함께 약해질 때
모두가 강해진다

"고운세상은 정말 이상한 회사예요. 왜 다들 서로 도와주려고 안 달인 거죠?"

경력직으로 입사한 직원이 이런 질문을 했습니다. 고운세상은 이전의 회사와는 전혀 다른 곳이라는 겁니다. 예전 회사에서는 서로 견제하느라 바빴는데, 고운세상에서는 도움을 청하면 동료들이 적극적으로 나서서 도와준다고요. 그렇다면 고운세상은 이타적인 사람들로만 이루어진 조직일까요? 혹시 제가 관상을 보는 능력이 있어 면접에서 이타적인 사람만 선별하는 걸까요? 솔직히 그랬으면 좋겠지만 물론 제게 그런 능력은 없습니다.

인간은 이기적인 존재일까요, 이타적인 존재일까요? 저는 인간은 제도와 환경의 영향을 받는 존재라고 생각합니다. 환경에 따라 이기적일 수도, 이타적일 수도 있죠. 만약 집단 내에서만 경쟁해야 한다면 이기적인 사람이 유리할 것입니다. 하지만 집단 간 경쟁에서는 서로 협력하는 이타적인 집단이 이기적인 집단보다 더 유리합니다. 그래서 인간은 이타적인 덕목이 강조되는 환경에서 살아가게 되는 것이죠. 인간은 사회적 동물이며 사회의 구조와 제도에 민감하게 반응하기 때문입니다.

회사 역시 하나의 작은 사회입니다. 회사가 제도를 어떻게 설계하고 어떤 분위기를 만드느냐에 따라 구성원들의 생각과 행동이 달라집니다. 그래서 저는 '인간은 기본적으로 존엄하게 행동하는 존재'라는 전제를 바탕으로 규칙을 만들어야 한다고 생각했습니다. 그리고 인간의 이기적인 행동보다 이타적인 행동을 보상하도록 고운세상을 설계했습니다. 이타적인 행동이야말로 우리 모두를 강하게 만들어줄 가장 강력한 전략이기 때문입니다.

불필요한 내부 경쟁이 없는 회사

팀워크를 위해 제가 가장 먼저 한 일은 따로 일하던 팀들을 하나로 통합한 것입니다. 상품 기획, 마케팅, 영업 부서의 공통 핵심성과지표KPI를 설정하고, 협업을 통해 업무를 진행하도록 했습니다. 예를 들어 프로젝트를 진행할 때는 부서와 상관없이 관련 실무자들이 자유롭게 의견을 나누고, 처음부터 끝까지 공동으로 협업합니다. 성공도 함께, 실패도 함께인 구조에서는 협업 외에는 답이 없기 때문에 굳이 경쟁할 이유가 없습니다.

두 번째로는 부서별로 차등 지급하던 성과급 제도를 폐지하고, 회사 성과에 따라 모든 부서가 동일하게 성과급을 받도록 했습니다. 일부 영업부서 직원들은 성과를 많이 낸 부서와 그렇지 않은 부서가 같은 성과급을 받는 것이 불공평하다고 반발했습니다. 어찌 보면 당연하다고 생각되는 반응입니다.

하지만 정말 그럴까요? 화장품 판매는 상품 기획부터 마케팅, 영업, 구매까지 모든 부서가 연결되어 성과에 영향을 미칩니다. 성과가 좋은 팀은 그들이 노력한 덕분도 있지만, 다른 유관 부서의 도움과 회사 자원이 집중된 덕분이기도 합니다. 그래서 저는 동일한 성과급 지급이 더 합리적이라고 판단했습니다.

저는 직원들을 설득해 이 시스템을 관철했습니다. 그래서 고운세상은 회사 전체 목표 영업이익을 초과하면 모든 직원이 동일한 비율로 성과급을 받습니다. 하지만 특정 개인이나 부서가 특별한 성과를 거두었다고 해도 회사 전체 목표를 달성하지 못하면 아무도 성과급을 받지 못합니다. 대표이사인 저도 예외가 아닙니다.

과거에는 영업팀마다 재고를 따로 챙기고, 타 팀의 재고 상황과 상관없이 자기 팀 매출을 우선했습니다. 그러나 이제는 각 팀이 목표를 달성했더라도 회사 전체 목표에 도달하지 못하면 성과급이 지급되지 않기 때문에, 팀 간 협업이 자연스럽게 이루어집니다. 프로모션 일정도 서로 공유하며, 팀 간 갈등이 사라졌습니다.

연말이 가까워지면 이미 목표를 초과한 팀들도 더 열심히 일합니다. 조금 더 노력하면 전체 매출을 높일 수 있기 때문입니다. 목표 달성이 어려운 팀도 회사 목표에 지장을 줄까 미안한 마음에 끝까지 최선을 다합니다. 모두가 하나가 되어 각자 역할을 다하는 모습이 자연스럽게 자리 잡았습니다.

이러한 '전 직원 동일 비율 성과급 지급 제도'는 앞으로 바뀔 수도 있습니다. 회사의 신규 브랜드가 늘어나고 그들이 각자의 사업부로 독립한다면, 사업부별로 차등 지급하는 방식이 더 합리적일 것입니다. 그리고 같은 사업부 내에서도 직원들의 성과 기여도를 더 정교하게 측정함으로써 기여도에 따라 정당한 보상이 지급되도록 해야 할 것입니다. 하지만 개인의 보상을 위해서가 아니라 팀 전체의 목표 달성을 위해 각자가 맡은 책임을 다하고 그에 합당한 보상을 받아야 한다는 원칙은 바뀌어서는 안 될 것입니다.

함께 취약해지는 것이 모두가 강해지는 길이다

여러 자기계발서에서는 동료에게 약한 모습을 보이지 말라고 조언합니다. 약한 모습을 드러내면 무시당하거나 약점을 잡히는 빌미가 된다는 이유입니다. 이런 생각은 방어적인 마음에서 비롯됩니다. 우리는 마치 사회는 정글이고, 상대는 등을 보이면 공격하는 맹수인 것처럼 인식합니다.

하지만 그런 조언은 동료를 적으로 여기는 각자도생 환경에서나 필요한 것입니다. 내가 먼저 경계하지 않는 모습을 보이면 상대도 경계심을 풀고 나와 친구가 될 수 있습니다. 심리학에서는 이를 자기개방self-disclosure이라고 부릅니다. 자신의 내면을 솔직히 전하는 것은 신뢰와 친밀감을 형성하는 데 중요한 역할을 합니다. 물론 신중하게 접근해야 합니다. 잘못된 사람에게 지나치게 많은 정보를 제공하면 불리하게 작용할 수 있습니다. 그래서 언제든 마음을 털어놓을 수 있는 안전한 공동체가 중요합니다.

고운세상 리더들과 첫 워크숍을 갔던 날이었습니다. 저녁 식사를 마치고 모두 둘러앉아 이야기를 나누었습니다. 이 시간을 더 값지게 만들려면 어떤 이야기를 해야 할까요? 저는 한 사람씩 돌아가며 인생 이야기를 나누자고 제안했습니다.

제가 먼저 입을 열어, 어린 시절 아버지의 가정폭력으로 어머니가 집을 나가셨던 이야기와 그로 인한 트라우마를 털어놓았습니다. 그러자 다른 리더들도 가슴 아픈 사연들을 하나둘씩 꺼내기 시작했습니다. 한 팀장은 자신의 아버지가 교도소에 가면서 가족들은 비닐하우스에서 살며 온갖 고생을 했고, 자신은 절대로 아버지처럼 살지 않겠다 다짐했다고 했습니다. 창업자 안건영 원장님도 어릴 적 화상으로 인한 트라우마와, 지나치게 엄격했던 아버지에게 인정받기 위해 애썼던 과거를 이야기했습니다.

사무실에서는 결코 들을 수 없었던 이야기들이었습니다. 밤이 깊어갈수록 우리 사이에는 특별한 에너지가 흐르고, 서로의 이야기에 눈물을 훔치기도 했습니다. 형식적으로만 대하던 사람들의 진심을 마주하는 순간이었습니다.

직장 모임에서 이렇게 자신의 이야기를 솔직하게 하는 것이 이상하게 보일지도 모릅니다. 사실, 정서적 신뢰가 없다면 자기 감정을 드러내기란 쉽지 않습니다. 어른이 되면서 우리는 감정을 억누르는 법을 배우고, 특히 회사에서는 감정을 숨기는 데 익숙해집니다. 하지만 감정을 드러내지 못하면 점차 감정을 느끼는 능력도 잃어버리게 됩니다. 아무런 감정도 느끼지 못한다면, 그것은 살아 있어도 살아 있는 것이 아닙니다. 회사에 출근하는 것이 지겹고 힘들게 느껴지는 이유는 바로 그곳에서 아무런 감정을 느끼지 못하기 때문입니다. 기쁨과 슬픔을 표현하지 못하는 일터는 억압의 공간일 뿐입니다.

우리는 완벽할 필요가 없습니다. 어제보다 조금 더 나아지면 됩니다. 처음 해보는 일은 실패해도 괜찮습니다. 거기에서 배우고 성장하면 됩니다. 늘 완벽해야 한다는 강박은 완벽한 결과가 아니라 번아웃을 부를 뿐입니다. 힘들면 힘들다고, 모르면 모른다고 말해도 됩니다. 이곳은 등을 보이면 공격하는 맹수가 있는 정글이 아닙니다. 약한 모습을 보여도 안전한, 진짜 '동료'들이 있는 일터입니다. 함께 취약해지는 것이 모두가 강해지는 길입니다.

이기적인 행동은 보상하지 않는다

얼마 전 옛 직장에서 함께 일했던 사람들을 만났습니다. 한 선배가 웃으며 말했습니다.

"야, 이주호는 스타였잖아, 스타!"

순간 얼굴이 붉어졌습니다. 당시 제 이메일 아이디가 정말 'star'였기 때문입니다. 30대 초반, 자신감이 넘친 저는 자의식이 하늘 끝까지 닿아 있던 사람이었습니다.

한번은 해외 IR 행사에 참가해, 경쟁사 대비 우리 회사의 뛰어난 영업이익률을 강조한 발표로 외국인 투자자들의 관심을 끌었습니다. 그 결과, 외국인 지분율이 증가했고 주가도 상승했습니다. 저는 '올해의 IR 대상'까지 수상하며 명성을 얻었습니다.

하지만 이제 와서 돌아보면, 그 상은 제가 잘해서 받은 것이 아니었습니다. 동료들이 이룬 성과를 제가 대신 설명했을 뿐입니다. 그런데도 저는 동료들에게 감사 인사조차 하지 않고 상금을 혼자 차지해버렸습니다. 지금이라면 당연히 동료들과 회식하며 그들에게 고마움을 표현했을 것입니다. 지금 생각해도 얼굴이 붉어지는 과거입니다.

고운세상에서는 개인의 성과가 아무리 뛰어나도 별도의 성과급을 추가로 지급하지 않습니다. 개인을 향한 보상은 이기적인 행동을 조장하기 때문입니다. 어느 조직이나 일을 잘하는 소위 '스타 플레이어'가 있습니다. 하지만 이들이 팀워크에 도움이 되지 않는다는 것을 저는 잘 압니다. 제가 바로 그 개인 플레이어였으니까요.

대신, 우리는 모두가 함께 노력한 결과만 성과로 인정합니다. 덕분에 자연스럽게 협업하는 분위기가 생겼습니다. 그리고 이런 분위기 속에서는 프리라이더, 즉 '월급 루팡'도 발붙일 수 없습니다. 협업하는 조직에서는 누구나 함께 일하고 노력해야 하기 때문입니다.

> 고운세상에서는 부서 간 불필요한 경쟁이 없어요. 서로 응원하고 돕는 건강한 조직 문화 덕분에 업무에 집중해 더 좋은 성과를 낼 수 있어요.

얼마 전, 사내 매거진에 실린 직원의 이 인터뷰를 읽고 저는 안도했습니다. 고운세상의 환경과 시스템이 이타적인 사람들에게 더 적합하게 뿌리내리고 있음을 느꼈기 때문입니다.

불교의 화엄사상에는 '일즉다 다즉일 一卽多 多卽一'이라는 말이 있습니다. 하나의 개체에 우주가 담겨 있고, 우주의 모습은 하나의 개체를 닮았다는 뜻입니다. 조직도 마찬가지입니다. 구성원 한 사람의 모습을 보면 회사 전체의 문화를 알 수 있고, 회사의 문화를 보면 구성원의 행동을 예측할 수 있습니다. 건강한 조직은 자연이 만들어낸 프랙탈처럼 구성원 한 명 한 명과 닮아 있습니다.

"고운세상의 자랑이 무엇이냐?"는 질문을 받는다면, 저는 단연코 "우정과 연대로 똘똘 뭉친 구성원들"이라고 답하고 싶습니다. 고운세상은 이타적인 우리 모두가 함께 승리하는 세상입니다.

잘했고, 대단하고,
고맙습니다

저는 IMF 시기에 첫 직장에 입사했습니다. 첫 출근일은 20일이었고, 바로 다음 날인 21일이 월급날이었습니다. 제 통장에는 열흘치 급여가 입금되었습니다. 나중에 알고 보니 회사가 일부러 20일에 저를 입사시킨 것이었습니다. 월급날이 너무 멀어지면 생활에 어려움이 있을까봐 배려한 것이었죠. 당시만 해도 그런 배려와 온정이 남아 있던 시절이었습니다.

IMF는 우리 사회의 커다란 분수령이었습니다. 그전까지 우리 사회에는 평생직장의 개념이 있었습니다. 회사는 단순히 일터가 아니라, 구성원을 하나의 가족처럼 여긴 시절이었습니다. 물론 가족주의

적 조직 문화의 단점도 많았지만, 그럼에도 그곳에는 사회 초년생에게 따뜻한 배려를 건네는 어른들이 있었습니다. 하지만 IMF 이후, 신자유주의 물결이 우리 사회를 휩쓸었습니다. 모든 것이 자본의 논리에 따라 재편되었고, 온정과 소속감은 점점 사라졌습니다. 숫자로 계산되지 않는 것들은 가치 없는 것으로 치부되었고, 공동체는 점차 해체되었습니다. 이익과 효율이라는 이름 아래, 각자도생의 시대가 열린 것입니다.

우리는 모두 이어져 있다

전 직원에게 한우 세트를 선물한 적이 있습니다. 처음은 '대한민국 일하기 좋은 기업' 대상을 받았을 때, 두 번째는 〈네고왕〉 행사 때 전 직원이 닷새 만에 매출 100억 원을 달성한 것을 기념하기 위해서였습니다. 평소 같으면 부서별로 회식비를 지원했겠지만, 당시 코로나로 인해 부서 회식이 자유롭지 않았습니다. 고민 끝에, 횡성 축협 공장장으로 일하는 고향 친구에게 전화를 걸어 가장 좋은 등급의 한우를 직원들 집으로 보내달라고 부탁했습니다.

이때 전 직원의 범위에는 아르바이트 직원까지 포함되었습니다.

보통의 조직에서는 정규직과 비정규직 간에 차이가 생기기 마련이지만, 저는 업무 성과에 대한 포상, 그중에서도 특히 먹는 것에서만큼은 차별이 없어야 한다고 생각했습니다. 먹는 것에서 차별받는 게 제일 치사하고 서럽지 않나요? 무엇보다 다 함께 열심히 노력해 이뤄낸 결과에서 차별을 받는다면 조직에 대한 애정도와 소속감은 급속히 떨어질 수밖에 없을 것입니다. 앞서도 이야기했지만, 다른 회사들에서 보통 파견직으로 고용하는 필드매니저와 면세점 판매 직원들을 정규직으로 채용하고 본사 내근직 직원들과 동일하게 성과급을 지급하는 것도 같은 맥락에서입니다.

소속감은 단순히 같은 티셔츠를 입고 워크숍에 가서 캠프파이어를 한다고 생기는 것이 아닙니다. 소속감이란 내가 속한 조직이 어디로 향하고 있는지, 그 과정에서 나는 어떤 역할로 어떻게 기여할 것인지를 고민하는 과정에서 생겨나는 것이라고 생각합니다.

한번은 '고소미(고운세상소통미팅)' 후 한 직원이 제게 "회사가 나아가는 방향을 알게 되니 내가 무엇을 해야 할지 판단이 섰고, 한편 회사에 대한 소속감이 들었다"고 했습니다. 이 말을 듣고, 구성원들에게 회사의 정보를 정확히 공개하고 공유하는 것이 얼마나 중요한지를 다시 한번 깨달았습니다.

팀으로 함께 일하는 것은 나 혼자 할 수 없는 일을 이루기 위해서입니다. 더 큰 성과를 내기 위해서는 회사가 비전과 목표를 공유하고, 구성원이 성과를 낼 수 있도록 지원하며, 함께 이룬 성과를 축하하는 자리를 만들어야 합니다. 이 과정에서 회사에 대한 애정과 소속감이 생겨나고, 이는 고운세상을 구성하는 큰 축이 됩니다.

불교에서는 인드라망Indra網이라는 그물이 있다고 합니다. 이 그물은 한없이 넓고 마디마다 반짝이는 구슬이 달려 있습니다. 그물로 연결된 구슬들은 서로 반사하며 빛을 공유합니다. 이 그물은 모든 존재가 서로 연결되어 있음을, 전체와 개체가 하나로 얽혀 있음을 상징합니다.

각자도생의 사회라고 합니다. 하지만 우리는 사실 인드라의 그물처럼 서로에게 영향을 주고받으며 연결되어 살아갑니다. 회사도 마찬가지입니다. 한 사람의 행동이 변하면 동료의 행동이 변하고, 동료가 변하면 팀이 변합니다. 그리고 팀이 변하면 회사 전체가 변합니다.

아르바이트생도, 필드매니저도, 매장 직원도, 내근직 사원도 모두 반짝이는 하나의 구슬입니다. 그 어떤 작은 구슬도 소홀히 여길 수 없습니다. 모든 구슬이 같은 목표와 소속감을 지니고 반짝일 때, 고운세상은 더욱 아름답게 빛나기 때문입니다. 우리 모두가 지닌 황금 씨앗은 이 안에서 에너지를 받고 활짝 피어납니다.

우리 회사의 회식 자리에서는 "고운세상 잘대고!"를 외칩니다. '잘했고, 대단하고, 고맙습니다'라는 말을 줄인 표현입니다. 이 말을 모든 구성원에게 외치고 싶습니다.

잘했고, 대단하고, 고맙습니다.

1인 기업가들의 공동체:
우리는
고운세상으로 간다

함께 일하는 것은
함께 여행하는 것이다

한겨울, 전라남도 강진의 해안 마을을 찾았습니다. 차가운 바닷바람이 부는 가운데, 작은 아이를 업은 젊은 어머니가 가게 앞에 물건을 하나씩 늘어놓고 있었습니다. 그녀의 볼은 매서운 바람에 새빨갛게 얼어 있었습니다. 그 모습을 보며, 매년 강남의 피부과에 1억 원을 쓴다는 고객이 떠올랐습니다.

같은 나라에 살면서도, 누군가는 매일 피부과 시술을 받으며 살아가고, 또 누군가는 차가운 바람에 얼굴이 거칠어지는 현실이 참 가슴 아팠습니다. 우리 삼남매를 키우기 위해 한겨울에도 식당 일을 하시며 손이 부르텄던 어머니 생각도 났습니다.

'만약 성별, 나이, 직업, 소득 수준에 관계없이 모두가 건강한 피부를 가질 수 있다면 얼마나 좋을까?'

고운세상은 바로 이런 생각에서 시작되었습니다. 바로 이타심입니다. 정확히는, 이 세상 모든 이가 피부 때문에 슬퍼하지 않길 바라는 마음입니다. 이 마음이 우리들의 책임감이 되고, 목적의식이 되며, 근면과 성취 그리고 야망을 낳았습니다. 피부로 차별받지 않고, 피부가 신분을 나타내지 않는 세상, 그것이 우리가 함께 꿈꾸는 고운세상입니다.

그래서 고운세상에 신입 사원들이 들어오면 오리엔테이션을 할 때마다 이 이야기를 전합니다. 이 비전에 공감하는 사람들이 앞으로도 계속 생사고락을 함께할 가능성이 높기 때문입니다. 한배를 탄 이들에게 비전은 변치 않는 하늘의 북극성과 같습니다. 고운세상의 북극성은 바로 '치유'와 '공감'입니다.

우리 업의 본질은 무엇인가

앞에서 제목으로 쓰기도 한, '상처 입은 치유자Wounded Healer'라는 말이 있습니다. 자신의 상처를 극복하고 같은 상처를 가진 이들을 돕는 사람을 뜻합니다. 정신의학자 카를 융이 정리한 이 개념은 그리스·로마신화에서 유래했습니다. 반인반마 케이론은 헤라클레스의 독화살에 맞아 영원히 치유되지 않는 고통을 얻습니다. 불사의 몸인 그는 고통을 안고 살아가며 타인의 고통을 치유하는 삶을 선택합니다. 치유하지 못하는 상처를 간직한 채 다른 이의 상처를 치유하는 치료자로 거듭난 것입니다.

저는 이 이야기를 읽으며 고운세상의 창업자 안건영 원장님을 떠올렸습니다. 안 원장님은 어린 시절에 사고로 전신 화상을 입었습니다. 그러한 상처를 간직한 채 훗날 의과대학에 진학해 피부과 전문의가 되었고, 민감성 피부를 위한 화장품을 만들며 고운세상을 탄생시켰습니다.

한번은 안 원장님이 환자들을 진료하는 모습을 곁에서 본 적이 있습니다. 제가 아는 그 어느 의사보다 따뜻한 미소와 부드러운 표정으로 환자들의 아픔에 공감해주었습니다. 원장님이 과거에 입었던 상처는 다른 사람을 치유할 수 있는 가장 큰 능력의 원천이었습니다. 융은 진정한 치유는 영혼의 깊은 곳에서 온다고 믿었습니다. 상처 앞에서 좌절하거나 도망치는 대신 용기 있게 마주할 때, 우리는 스스로뿐만 아니라 타인에게도 치유의 가능성을 열어줍니다.

그렇게 '닥터지'라는 브랜드가 탄생했습니다. 닥터지 제품의 겉면에는 언제나 "피부 문제를 겪는 사람들의 마음을 이해하기에, 어떤 제품도 가볍게 만들지 않습니다"라는 문구가 새겨져 있습니다. 이 말은 단순한 제품 홍보 문구가 아니라, 고운세상이 화장품 사업을 통해 이루고자 하는 업의 본질을 담고 있습니다. 피부 고민을 가진 사람들을 돕고, 그들이 자신감을 되찾아 더 나은 삶을 살도록 돕는 것, 이것이 우리가 추구하는 가치입니다.

스콧 펙 박사는 그의 저서 『아직도 가야 할 길』에서 사랑에 대해 "자기 자신이나 타인의 영적 성장을 도울 목적으로 자신을 확장시켜나가는 의지"라고 정의했습니다. 자신의 상처를 넘어서 타인을 치유하려는 마음, 그것이 사랑이라는 것입니다. 저는 고운세상이 하는 일 또한 사랑이라고 생각합니다. '치유를 통해 사람들의 성장을 돕는 일'이기 때문입니다. 그 치유의 과정이 우리가 세상과 이어지는 방식입니다.

제품을 개발할 때, 우리는 항상 묻습니다.

"이 제품이 사람들의 진짜 피부 고민을 해결할 수 있을까?"
"모두가 부담 없이 사용할 수 있을까?"

예를 들어 선크림을 개발할 때는 '사람들이 거부감 없이 자주 사용할 수 있도록 하려면 어떻게 해야 할까?'를 고민합니다. 고객의 입장에서 먼저 생각하며 만들어낸 제품들은 많게는 1년에 1000만 개씩 팔리고 있습니다. 이는 '어떻게 많이 팔까'가 아니라 '고객이 무엇을 필요로 할까', '어떻게 고객을 도울까'를 고민한 결과입니다.

우리는 앞으로도 많이 팔릴 제품이 아니라, 사람들에게 도움이 될 제품을 만드는 데 집중할 것입니다. 그것이 닥터지라는 브랜드가 존재하는 이유이기 때문입니다. 목적과 수단을 혼동하지 않을 때, 원칙은 비로소 지켜질 수 있습니다.

좋은 일터란 무엇인가

'일하기 좋은 일터 GREAT PLACE TO WORK'라는 개념은 1980년대에 로버트 레버링 박사가 만든 것입니다. 그는 좋은 일터의 공통된 특징으로 '사람에 대한 신뢰, 일에 대한 자부심, 동료와의 유대감'을 꼽았습니다. 이 가치들을 통해 인간의 잠재력이 극대화된다고 본 것입니다.

'사람에 대한 신뢰'는 회사와 구성원 간의 관계를 말합니다. '경영진을 믿고 함께 일하면 모두가 승리할 수 있다'는 믿음을 심어줘야 합니다. 이를 위해 경영진은 조직이 승리할 수 있는 전장을 찾아야 하고, 그 싸움에서 모두가 역량을 발휘할 수 있도록 힘을 실어주어야 합니다.

'일에 대한 자부심'은 자신이 하는 업무에 명확한 비전을 제시하는 데서 비롯됩니다. 단순히 월급을 받기 위해 출근하는 것이 아니라, 내가 하는 일이 조직에 기여하고 사회에 의미 있는 일이라는 생각이 들 때 우리는 '일할 맛'을 느낍니다. 고운세상에서는 매주 제품을 사용해 피부가 개선된 고객들의 이야기를 전 직원들과 공유합니다. 우리가 하는 일이 사람들에게 도움이 된다는 것을 알 때, 더 큰 자부심과 성취 동기가 생기기 때문입니다.

마지막으로, '동료와의 유대감'은 구성원 간의 관계를 말합니다. 최고의 일터는 좋은 동료들이 있는 곳입니다. 이를 위해 직원들의 사기를 떨어트리는 사람들을 가려내는 것도 경영진의 역할입니다.

고운세상 대표이사로 취임한 뒤, 한 언론사와 가진 인터뷰에서 앞으로의 포부를 물었습니다. 저는 "매년 1개 이상의 브랜드를 론칭해 2030년까지 10개의 브랜드를 100개 국가에서 운영할 것"이라고 답했습니다. 이 기사가 나간 뒤, 면접에 오는 많은 지원자들이 "이 비전에 동참하고 싶어 지원했다"고 말했습니다.

물론 2030년까지 100개 국가에서 10개 브랜드를 운영하는 일은 결코 쉽지 않은 과제입니다. 하지만 도전적이고 명확한 비전은 구성원을 하나로 묶는 강력한 힘이 됩니다. 그리고 회사의 비전과 개인의 성장은 함께 연결되어 있습니다.

결국 좋은 일터는 구성원들이 타고난 개성과 재능을 발휘하여 자아실현을 할 수 있도록 돕는 공간이어야 합니다. 구성원들이 인생의 한순간을 이곳에서 보내는 것을 후회하지 않겠다는 확신이 드는 공간이어야 합니다. 그리고 그 중심에는 일에 대한 비전이 있습니다.

함께 일하는 것은 함께 여행하는 것과 같습니다. 모든 여정은 같은 곳을 바라보는 것에서 시작합니다. 우리가 함께 성장하고, 각자가 자신을 실현하는 공동체가 되기 위해서는 같은 비전을 나누어야 합니다.

저는 고운세상을 통해 많은 '상처 입은 치유자'가 생겨나고, 그들이 더 아름답고 건강한 세상을 만들어가길 바랍니다. 우리의 제품이 사람들에게 희망을 주고, 세상에 나아가 싸울 용기를 줄 수 있기를 바랍니다. 이것이 좋은 일터인 고운세상이 존재하는 이유이자 목적이라고 생각합니다.

돈은 따라오는 게 아니라 하늘에서 쏟아지는 것이다

몽골의 현지 파트너사에서 열린 닥터지 행사에 참석했을 때였습니다. 당시 몽골 파트너사의 대표인 아물리아의 아버지를 만났습니다.

그분과 저 둘 다 책을 읽는 것을 좋아하고 새로운 경험을 좋아하다 보니 금방 이야기가 무르익었습니다. 대화 중에 제가 "비즈니스를 통해 돈을 번다는 생각보다 비즈니스를 통해 사람들을 돕는 옳은 일을 한다고 생각한다. 옳은 일을 하면 돈은 따라오는 것이다"라고 말하자, 그는 "좋은 일을 하면 돈은 따라오는 게 아니라 하늘에서 쏟아진다"고 대꾸했습니다. 몽골에서는 좋은 일을 많이 하면 그 기운이 하늘로 올라가 하늘에서 '돈 비'가 되어 땅에 내린다는 말이 있다고 합니다. 마치 '부는 의롭게 사는 사람에게 따라오는 하느님의 축복'이라고 믿는 유대인과 같은 발상이었습니다.

우리는 흔히 재산, 명예, 권력 등을 부라고 여기고, 그것을 소유하고 싶어합니다. 오늘날 SNS는 그 욕망에 불을 지피고 있습니다. 그러나 소유는 불안과 맞닿아 있습니다. 가진 것은 언제든 잃을 수 있기 때문입니다. 소유에 집착하는 사람들은 변화와 성장을 두려워합니다. 더 많이 가지려는 욕망은 방어적이고 고집스러운 성향을 키우기 마련입니다.

저는 부와 성공을 '다른 사람을 돕고 싶을 때 도울 수 있는 능력을 가진 상태'로 정의합니다. 부는 '소유'하기 위한 것이 아니라, 선한 영향력을 펼치기 위해 '존재'하는 것이라고 생각합니다. 그것은 우리 안에 존재하는 사랑이나 창조성처럼 사용하면 사용할수록 커지는 것이며, 한편 소유하지 않았기에 절대 잃어버릴 수 없는 것이기도 합니다.

이어령 선생님은 "럭셔리한 삶은 비싼 물건을 많이 소유한 삶이 아니라, 이야기로 가득 찬 삶"이라고 말했습니다. 풍부한 이야기는 실패와 역경 속에서 나옵니다. 고운세상은 소유하기 위해서가 아니라 사람을 돕기 위해 비즈니스를 합니다. 그리고 그 결과물로 더 많은 사람을 도울 수 있는 삶을 꿈꿉니다. 그것이 바로 고운세상이 창조하는 미래, 즉 쓰고 싶은 이야기입니다.

기울어진 세상,
그대가 다리가 되어주세요

한 줄 서기 이전의 우리 사회를 기억하십니까? 고속도로 화장실 앞에서 뒤엉킨 줄, 버스가 오면 우르르 달려들던 사람들, 공중전화 부스 앞에서 뻔뻔하게 새치기하던 모습들. 그 혼잡하던 모습들이 지금 과거가 된 배경에는 제 대학 시절이 있었습니다.

"미국에선 공중전화 앞에 사람들이 한 줄로 서더라고요. 한국은 왜 안 하는지 모르겠어요."

1996년, 한 후배가 미국 어학연수를 다녀와서 한 말이었습니다.

그 말을 듣고 저는 바로 생각했습니다.

'왜 안 돼? 우리도 하면 되지!'

어릴 때부터 장이 과민했던 저는 화장실에서 줄을 잘못 섰다가 낭패를 본 적이 많았습니다. 그래서 이 친구가 말한 '한 줄 서기' 아이디어에 귀가 솔깃해졌습니다. 그 가을에 수강한 문화인류학 수업에서 우리는 열 명의 학우들과 함께 이 아이디어의 현실화를 시도하고 그 과정과 결과를 조별 과제로 제출하기로 했습니다.

우선 학생회관 1층 로비의 공중전화 부스에 발바닥 모양의 유도선을 청테이프로 그리고, 공강 시간을 활용해 이용자들에게 한 줄로 서달라고 안내했습니다. 얼마 지나지 않아 중앙도서관 5층 복사기 앞에서도 한 줄 서기가 시작됐고, 각 단과대학 화장실 앞까지 자연스럽게 이어졌습니다. 그러다 KBS 9시 뉴스와 「중앙일보」에 우리의 한 줄 서기 운동이 소개되었고, 그 후 여러 사회단체를 통해 전국적으로 확산되었습니다. '왜 안 돼?'라는 질문 하나가 한 나라의 줄 서기 문화를 바꾼 것입니다.

바꿀 수 있는 것과 바꿀 수 없는 것

어릴 때부터 저는 바꿀 수 있는 것과 없는 것을 구분하는 법을 배워야 했습니다. 부모님은 언제나 밤늦게까지 싸우셨고, 저는 어쩔 수 없이 부모님을 피해 다니며 공부를 했습니다. 부모님의 잦은 다툼은 제가 바꿀 수 있는 일이 아니지만, 제 성적은 제 노력에 따라 바꿀 수 있는 일이니까요. 그래서 저는 제가 할 수 있는 일인 공부에만 집중했습니다.

사회에 나와서도 저는 바꿀 수 없는 것에는 관심을 두지 않았습니다. 상사나 동료들을 바꾸는 일 역시 제 영역이 아니었습니다. 그들을 비난하고 원망해봤자 저만 상처 받을 뿐이니까요. 중요한 것은 내가 바꿀 수 있는 일에 집중하고, 그 속에서 변화를 만드는 것이었습니다.

회사를 다니다보면, 똑똑한 평론가처럼 보이는 직원들을 만날 때가 있습니다. 이들은 조직의 문제점을 예리하게 지적하고, 다른 사람들에게도 높은 기준을 요구합니다. 하지만 정작 본인도 그 문제의 일부라는 사실을 모를 때가 많습니다. 조직에 속한 이상, 그 문제에서 자유로운 사람은 없는데도 말입니다. 그리고 사실상 조직의 미래를 만드는 것은 문제를 지적하는 사람이 아니라 문제를 해결하는 사람입니다.

얼마 전 회사의 한 디자이너에게 이런 이야기를 들었습니다.

"우연히 영업 부서에서 우리에게 디자인 시안을 요청할 때마다 담당자마다 양식도 다르고 작업 방식도 달라 불편하다고 하는 말을 들었습니다. 그래서 제가 나서서 양식을 통일하기로 했어요. 처음에는 양식 통일이 디자인 퀄리티를 떨어뜨릴 거라는 반대도 만만치 않았지만, 지금은 디자인 부서도 영업 부서도 다 만족해요."

저는 그 이야기를 들으며 감탄했습니다. 많은 사람들은 "우리 회사는 이게 문제야"라고 불평만 할 뿐, 정작 그 문제를 스스로 해결하려 나서지 않습니다. '이걸 왜 아무도 안 하지? 그렇다면 내가 해보자'라는 마음을 가진 사람은 어디서든 반드시 성공할 수밖에 없습니다. 그리고 그 차이는 바꿀 수 있는 것과 바꿀 수 없는 것을 구분하는 데에서 시작됩니다.

기울어진 세상의 버팀목

초등학교 6학년 봄학기였습니다. 어느 날 담임선생님께서 갑자기 저를 부르셨습니다.

"오늘 전교 어린이회장 선거가 있으니, 우리 반 대표로 출마해라."

갑작스러운 제안에 단상에 올랐지만, 머릿속은 하얘지고 말았습니다. 횡설수설하다 내려왔고, 결과는 당연히 낙선이었습니다. 대신 어머니가 육성회장이던 친구가 당선되었습니다. 나중에 알게 된 사실이지만, 선생님이 그 친구에게는 일주일 전에 미리 준비하라고 알려주셨던 것입니다.

그 사건은 어린 제 마음에 깊은 상처로 남았습니다. 저를 바라보던 전교생의 시선이 부끄럽기도 하고, 매끄럽게 연설하던 친구에게 질투도 났습니다. 선생님도 원망스러웠습니다. 그리고 그 이후로 발표를 해야 할 때면 온몸이 땀으로 푹 젖을 정도로 긴장했습니다.

매일 아침 개울가에 나가 큰 소리로 말하기 연습을 했습니다. 새벽마다 제가 쓴 원고를 외우고 반복했습니다. 그 결과 중학교에 입학해서는 웅변대회에서 횡성군 대표로 선발되어 강원도 예선까지 진출했습니다. 다른 학생들이 선생님이 써준 원고로 발표할 때, 저는 직접 쓴 원고로 무대에 섰습니다. 가난한 집 아이로서 차별받은 상처가 자부심으로 변한 순간이었습니다.

무한 경쟁의 시대입니다. 한편으로는 엉망으로 기울어진 세상이기도 합니다. 그럼에도 불구하고 우리는 그 속에서 중심을 잡아야 합니다. 만약 초등학생 시절 제가 발표에 대한 두려움을 끝내 극복하지 못했다면 담임선생님은 어떻게 생각하셨을까요? 저를 안쓰럽게 보셨을까요? 아마 '거봐, 역시 가난한 집 애는 어쩔 수 없어'라고 생각하셨을 겁니다. 세상도 마찬가지입니다. 세상이 기울어졌다고 주저앉아 탓하기만 한다면, 그것이야말로 세상이 우리에게 원하는 결과일 것입니다.

물론, 기울어진 세상에서 중심을 잡는 일은 쉽지 않습니다. 특히 감수성이 예민한 청소년기에는 더욱 그렇습니다. 다행히도 저는 중학교 때 재단법인 원장재단의 장학금을 받을 수 있었습니다. 부모님의 다툼을 피해 공부하던 시골 소년에게 그 장학금은 자존감을 지탱해주는 버팀목이었습니다.

최근 27년 만에 원종목 회장님 내외를 찾아뵐 수 있었습니다. 두 분은 강원도 횡성에서 큰 회사의 사장이 나왔다며 대견해하셨습니다. 사람이 살아온 흔적은 얼굴에 남는다고 합니다. 두 분의 얼굴은

샘물처럼 맑고 은은한 향기가 느껴졌습니다. 회장님의 에세이 제목처럼 '향을 싼 종이는 향내가 나고, 생선을 싼 종이는 비린내가 난다'는 말이 떠올랐습니다.

회장님은 "해준 것도 없는 사람을 잊지 않고 찾아줘서 고맙네"라며 제 손을 꼭 잡아주셨습니다. '늦어서 죄송하다'는 마음이 '찾아뵐수 있어 감사하다'로 바뀌는 순간이었습니다. 이제 저도 다른 청년들이 자신만의 중심을 잡고 힘을 키워나갈 수 있도록 도와야 할 때가 왔다는 생각이 들었습니다.

우리 모두 '험한 세상의 다리가 되어'

학창 시절 즐겨 듣던 사이먼앤드가펑클의 〈험한 세상의 다리가 되어Bridge Over Troubled World〉라는 노래를 최근에 우연히 다시 듣게 되었습니다. 그때는 가사를 깊이 생각하지 않았지만, 이제는 그 의미가 가슴에 스며듭니다. 험한 물살을 건널 때 다리가 되어줄 누군가가 있다면 얼마나 좋을까요?

한 청년을 만났습니다. 그는 아버지의 학대에 시달리다 청소년 쉼터에 머물게 되었습니다. 아버지는 재산을 도박과 유흥으로 탕진하며 가족에게 돈 한 푼 가져다주지 않았지만, 부모가 있다는 이유로 국가의 지원도 받을 수 없었다고 합니다.

하지만 그는 지금 아르바이트 세 개를 하면서도 한편으로 '청자기(청년들의 자립 이야기)'라는 단체에서 활동하고 있습니다. 매년 약 2000명의 청년이 만 18세가 되면 보호시설을 떠나 홀로서기를 해야 하는데, '청자기'는 이들이 어려움 없이 세상으로 나아갈 수 있도록 돕고자 하는 청년들의 모임입니다.

어려움을 겪어본 사람이 다른 이의 어려움을 이해합니다. 자신은 힘들었지만 동생들은 자신처럼 힘들지 않게 보살피겠다는 그 청년의 결심에서 세상에 대한 희망을 느꼈습니다. 세상은 기울어져 있지만, 주저앉아 있을 수만은 없습니다. '이대로 세상에 지고 있지 않겠다'는 마음이 삶의 중심 근육이 되고, 내면의 힘이 됩니다. 바꾸겠다는 결심이 정말 세상을 바꿉니다.

물론 혼자 힘으로 중심을 잡기란 어렵습니다. 그래서 청년들에겐 주체적인 삶을 지지해줄 '험한 세상의 다리'가 필요합니다. 그래서 고운세상은 2024년부터 이들을 응원하기 위해 청자기 지원 사업을 후원하고 있습니다. 고운세상이 회사를 넘어 사회를 향해 펼칠 프로텍터십의 일환입니다. 앞으로 더 많은 청년들이 어려운 환경의 강을 건널 수 있도록 우리 사회에 더 많은 다리가 생기길 바랍니다.

험한 세상의 다리는 청년들에게만 필요한 것이 아닙니다. 온몸으로 세상에 부딪히며 살아가는 우리 모두에게 필요합니다. 이 기울어진 세상에서 무한 경쟁까지 벌인다면, 결국 모두 중심을 잃고 쓰러질 수밖에 없습니다. 서로가 서로에게 버팀목이 되어주고, 다리가 되어주는 세상을 꿈꿔봅니다.

더 높은 하늘을 향해

『강신주의 장자수업』에는 '대붕 이야기'가 나옵니다. 차갑고 어두운 북쪽 바다에는 곤鯤이라고 불리는 거대한 물고기가 살았다고 합니다. 이 곤은 결국 물 밖으로 나와 붕鵬이라는 거대한 새가 되어 남쪽 바다로 날아가려 하죠. 작가는 묻습니다.

"왜 곤은 물 밖으로 나오고 싶었을까?"

곤이 살기에는 북쪽 바다가 너무 좁기 때문입니다. 곤은 어마어마하게 큰 물고기였으니까요. 곤은 어느 날 몸을 내밀어 바람을 맞다가 자신의 불행을 깨닫고 새가 되기로 결심했습니다. 결국 새가 된

붕이 남쪽 바다로 날아갈 때는 3000리의 파도를 일으키고 9만 리를 날아올랐다고 합니다.

삶의 문제는 스스로 해결하지 않으면 풀리지 않습니다. 우리가 문제 해결에 나서지 않으면, 우리도 그저 그 문제의 일부일 뿐입니다. 우리에게는 더 나은 방향을 만들 수 있는 힘이 있습니다. 우리가 한 줄 서기를 모르던 시절에는 그 필요성을 몰랐습니다. 하지만 이제 우리는 그 이전의 혼잡함으로 돌아갈 수 없을 것입니다. 변화란 그런 것입니다. 시작은 미미하지만 변화 후에는 결코 이전으로 돌아갈 수 없습니다.

우리가 세상이 협소하다고 느낀다면 그건 우리가 그만큼 커졌다는 의미입니다. 곤이 물 밖으로 몸을 내밀어 느낀 바람은 우리가 속한 세상의 한계를 깨닫게 해주는 존재입니다. 한계를 깨달았다면 이제 선택은 우리에게 달려 있습니다.

작은 세상 안에서 주어진 자유에 만족하며 안주할 것인지, 아니면 대붕처럼 큰 바람을 타고 하늘을 날 것인지 말이죠.

우리는 1인 기업가들의
공동체다

SBS 시사 다큐멘터리 프로그램 〈뉴스토리〉 팀이 우리 회사를 방문했습니다. MZ세대 청년들의 퇴사와 이직률 상승, 그리고 이에 대한 기업들의 대응을 다룬다는 취지였습니다. 이날 방송에서는 우리 회사의 원어민 영어 수업을 취재했습니다. 이 수업은 회사가 제공하는 자기계발 프로그램의 하나로, 주 2회 근무시간에 이루어집니다.

고운세상에서는 영어 수업뿐 아니라 다양한 자기계발 프로그램이 근무시간 중에 제공되며, 직원들이 자율적으로 시간을 활용할 수 있도록 지원하고 있습니다. 회사가 평생고용을 보장할 수 없는 현실 속에서 직원들이 회사에 있는 동안 성장할 수 있는 환경을 조성하고, 그들이 독립된 전문가로서 일할 수 있도록 지원하는 것이 이러한 프로그램의 취지입니다.

당시 인터뷰에서 저는 이렇게 말했습니다.

"직원들에게 회사를 위해 일방적으로 희생을 요구할 수는 없다고 생각합니다. 직원들은 자신의 전문성을 바탕으로 회사에 기여하고, 회사는 그들을 회사의 조직원 내지는 부속품이 아니라 독립된 개체로 존중하며 대우하고 있습니다."

여러분, 회사를 위해 평생을 바치지 마십시오

이 방송은 2024년 7월, "'퇴사, 축하합니다' 사표 던지는 청년들, 왜?"라는 제목으로 방영되었습니다. 방송을 보면서 저도 많은 것을 느꼈습니다. 방송에서는 여러 청년들이 회사에 속하기보다는 자신이 선택한 길을 걸으며 열심히 살아가고 있었습니다. 우리 사회는 오랫동안 좋은 학교에 진학하고 좋은 회사에 취직하는 것을 최선의 길로 가르쳐왔지만, 청년들의 현실은 그렇지 않습니다. 한 청년은 '회사는 성장하고 있는데 나는 성장하고 있는가'라는 질문을 던졌습니다. 이것이 지금 청년 세대의 목소리입니다.

당시 방송에는 나오지 않았지만 취재진은 "고운세상도 젊은 직원들의 이직이 잦은지"를 물었습니다. 사실 고운세상의 이직률도 낮지는 않습니다. 회사 입장에서는 애써 키운 직원들이 떠나는 것이 마음 아픕니다. 특히 리더들은 더 허탈해하곤 합니다.

저 역시 아끼던 직원들이 떠나면 마음이 아프지만, 그럼에도 그들을 응원합니다. 그들이 회사를 떠나는 이유가 회사나 저를 싫어해서가 아니라, 새로운 성장의 기회를 찾기 위해서라는 걸 알기 때문입니다. 그나마 위안이 되는 것은 고운세상에서 경력을 쌓고 더 큰 기업으로 이직하는 경우가 많다는 것입니다. 이는 우리 회사의 시스템이 훌륭하다는 증거이기도 합니다. 그래서 이직하는 직원들에게 이렇게 말하곤 합니다.

"지금은 유학 보내는 마음으로 보낸다. 하지만 내가 더 열심히 회사를 키워, 널 다시 데려올 테니 가서 많이 배우고 성장해라."

일 잘하는 직원이 떠나면 회사에 손해라고 생각할 수 있지만, 고운세상은 시스템과 프로세스가 회사를 돌아가게 만듭니다. 개인의 실력이 아무리 뛰어나도 팀워크가 뒷받침되지 않으면 안 되는 구조입니다. 따라서 본인이 회사 안에서 더 성장할 기회를 찾지 못하면 다른 곳에서 성장하면 되고, 남아 있는 사람들은 회사와 함께 성장하면 됩니다.

지금의 청년들에게 평생직장은 더 이상 존재하지 않습니다. 회사는 인생의 최종 목적지가 아니기 때문에, 퇴사와 이직을 통해 성장해나가는 것은 자연스러운 일입니다. 기업도 이러한 현실에 맞게 변화해야 합니다.

자신의 깔살기가 삶이 되는 미래

"우리의 경쟁사는 하이브입니다."

만약 플랫폼과 콘텐츠 크리에이터만이 살아남는 세상이 온다면, 회사는 플랫폼이 되고 구성원들은 콘텐츠 크리에이터가 될 것입니다. 고운세상은 구성원들이 양질의 콘텐츠를 생산하면 그들의 콘텐츠를 세상에 알리는 회사가 되려 합니다. 마치 연예기획사가 연습생을 선발해서 스타로 양성하는 것처럼 말입니다.

직장인이라면 누구나 다니던 회사를 떠나야 할 때가 옵니다. 그 이후에는 다양한 일들을 엮어가며 살아가게 될 것입니다. 그렇다면 지금 해야 할 가장 중요한 일은 바로 자신의 몸값을 높이는 것입니다. 직장은 현재 생계를 책임지는 곳이지만, 동시에 미래의 인생 포트폴리오를 준비하는 무대이기도 합니다. 그러므로 업무를 통해 전문성을 키우고, 꾸준한 공부와 경험을 통해 지식을 쌓아야 합니다.

그리고 자신만의 필살기를 쌓아야 합니다. 자신의 필살기가 자기 삶이 되도록 해야 합니다. 그렇게 전문가가 된다면, 나이가 들어도 시장에서의 가치는 오히려 더 높아질 수 있습니다. 미래에 벌어들일 수 있는 잠재적 수익을 현재 가치로 환산한 것이 바로 오늘 나의 진짜 몸값입니다.

그래서 고운세상은 모든 직원들에게 직무 전문성을 키울 수 있는 기회를 제공합니다. 앞에서도 언급했던 개인 맞춤형 커리어 개발 프로그램, 독서 경영과 반기별 세미나, 자율 프로젝트, 무제한 직무 교육, 부서별 역량 강화 프로그램, 외부 전문가 멘토링, 강연 등이 그 예입니다. 사실 회사 업무와 함께 이 많은 자기계발 활동을 병행하기란 쉽지 않습니다. 하지만 저는 직원들에게 이렇게 말합니다.

"집에 30억 원 이상 있으면 세미나에 참여하지 않아도 됩니다."

한국 사회에서는 노후 생활을 스스로 책임져야 합니다. 월급만으로는 노후 자금을 준비하기 힘든 우리의 현실에서, 가장 현실적인 방법은 직장 생활 중 전문성을 기르고, 퇴직 후 1인 기업가로 활동하는 것입니다. 저는 고운세상 구성원들이 자신만의 필살기를 개발해 평생을 살아갈 수 있는 전문가가 되기를 바랍니다. 그리고 이를 위해 전폭적으로 지원할 것입니다.

자유롭고 건강한 1인 기업가들의 공동체를 꿈꾸며

고운세상이 '대한민국 부모가 일하기 좋은 기업'으로 선정되었을 때, 한 기자에게 "가족친화 경영을 위해 대표님이 가장 중요하게 생각하는 목표가 무엇입니까?"라는 질문을 받았습니다.

고운세상에는 직원들이 가정과 직장 생활을 병행할 수 있도록 다양한 제도가 마련되어 있습니다. 하지만 진정한 가족친화 경영은 단순한 제도적 지원을 넘어섭니다. 고운세상의 궁극적인 목표는 직원들이 사회적·경제적으로 가족의 존엄을 지킬 수 있는 '1인 기업가'로 성장하도록 돕는 것입니다.

이 비전을 이루기 위해 회사는 '자립과 성장'을 핵심 가치로 삼고 있습니다. '자유롭다'는 것은 개인이 전문성을 갖추어 원하는 곳에서 원하는 일을 할 수 있는 상태를 의미합니다. '건강하다'는 것은 나 혼자만 잘사는 것이 아니라, 나의 전문성으로 이웃과 사회에 기여하는 삶을 뜻합니다. 이런 사람들이 모여 하나의 목표를 가지고 일하는 일터가 바로 '1인 기업가들의 공동체'입니다.

앞으로의 회사는 독립된 개인들이 모여 하나의 프로젝트를 위해 협업하고, 프로젝트가 끝나면 다시 각자의 길로 돌아가는 모습이 될 것입니다. 마치 영화 제작을 위해 감독, 배우, 스태프 들이 모였다가 헤어지는 것처럼 말입니다.

저는 고운세상을 1인 기업가를 꿈꾸는 사람들의 놀이터로 만들고자 합니다. 자신의 전문성을 바탕으로 공동의 목표를 향해 일하다보면, 조직의 성과도 자연스럽게 따라옵니다. 우리 사회가 각자 자기 분야의 전문성을 갖추고, 나 혼자가 아닌 이웃과 더불어 함께 잘사는 공동체를 만들어간다면, 더 행복한 세상이 되리라 믿습니다. 그것이 고운세상이 꿈꾸는 프로텍터십, 진정한 가족친화 경영입니다.

당신 안의
황금 씨앗이 피어나도록

회사에서 새로운 인재를 뽑을 때 반드시 하는 일이 있습니다. 바로 레퍼런스 체크입니다. 본인 동의하에 이전에 근무한 회사의 동료나 상사, 인사팀에 연락하여 후보자에 대해 여러 가지 질문을 합니다. 대부분은 무난한 답변을 듣지만, 가끔 부정적인 피드백이 올 때도 있습니다. 그러나 우리는 부정적인 피드백이라고 해서 전적으로 받아들이지 않습니다.

만약 제가 고운세상에 오기 직전에 다닌 회사에서 레퍼런스 체크를 받았다면, 저는 어느 직장에도 취업이 안 될 겁니다. 자신을 다시 세우며 인생의 전환점을 맞이하긴 했지만 한창 어둠의 터널을 헤매던 시기였고, 솔직하게 커리어 측면으로는 좋은 평판을 듣기 어려운 상태였기 때문입니다.

평판 조회의 중요성도 물론 알고 있습니다. 하지만 저는 사람의 행동은 환경에 따라 달라질 수 있다고 생각합니다. 같은 사람이라도 다른 환경에서는 완전히 다른 모습을 보일 수 있기 때문입니다. 실제로 고운세상에도 이전 직장 레퍼런스 체크에서 좋지 않은 평가를 받았지만 입사 후 동료들과 원만하게 어울리며 열심히 일하는 직원의 사례가 있습니다.

심리학에는 '과실편향blame bias'이라는 용어가 있습니다. 이는 상황 탓을 해야 할 때 사람의 문제로 몰아가는 것을 말합니다. 예를 들어 회사 매출이 떨어졌을 때 경영자들은 단순히 직원들이 열심히 일하지 않는다고 탓하기 쉽지만, 실제로는 사업 환경의 변화나 회사의 조직 문화, 평가 시스템 등 문제의 원인은 먼지처럼 많습니다.

그러므로 사람을 탓하기 전에 상황을 먼저 살펴야 합니다. 직원들이 일에 집중하고 동료들과 협력할 수 있는 조건이 마련되어 있는지, 혹은 정서적·경제적 압박감 속에서 억지로 일하고 있는 건 아닌지 점검해야 합니다. 타성에 젖어 영혼 없이 일하게 만드는 환경은 아닌지 세심하게 살펴봐야 합니다. 작은 변화로도 사람은 달라질 수 있습니다. 직원들을 탓하기 전에 회사가 먼저 일하기 좋은 환경을 만드는 것이 중요합니다.

인재는 환경에 따라 역량을 꽃피운다

자기 자신을 아는 것은 가장 어려운 일 중 하나라고 합니다. 어른이 되어서도 자신이 하고 싶은 일, 할 수 있는 일, 그리고 해야 하는 일 사이에서 갈피를 잡지 못하는 사람들이 많습니다. 이런 이유로, 고운세상 면접에서는 지원자의 재능과 역량을 파악하기 위해 다음과 같은 질문을 던지곤 합니다.

"어떤 일을 할 때 가장 신나고 행복한가요?"

"어릴 때 남들보다 잘한다는 칭찬을 받은 일이 무엇인가요?"

가끔 '회사에 적합한 인재를 어떻게 선발하는지'에 대한 질문을 받습니다. 사실 저는 사람의 역량은 타고난 것이며, 쉽게 변하지 않는다고 생각합니다. 스킬이나 지식은 훈련과 학습을 통해 발전할 수 있지만, 타고난 재능은 별개의 문제입니다. 예를 들어 손흥민 선수가 성악가가 되었더라면 세계적인 성악가가 되긴 어려웠을 것입니다. 사람마다 잘하는 분야와 열정을 느끼는 영역이 다르기 때문입니다.

물론 회사는 직원들이 애초에 가지고 있지 않은 역량을 개발할 수 없습니다. 다만, 그들이 가진 역량을 최대한 펼칠 수 있는 환경과 조건을 제공하는 것이 회사의 역할입니다. 그래서 저는 직원을 채용할 때, 그 직무에 '적합한' 역량을 가진 사람을 선발하는 것이 중요하다고 생각합니다. 자신에게 맞는 일을 하는 사람은 시키지 않아도 열심히 합니다. 그 일에 열정과 재능이 있기 때문입니다.

저 역시 자신의 역량을 일찍 알 수 있었다면 얼마나 좋았을까요. 저도 스스로의 가능성을 몰라서 여러 길을 헤매던 시간이 있었습니다. 하지만 다행히 시대가 발전하면서, 고운세상은 2019년부터 AI 역량 검사를 통해 직원을 선발하고 있습니다. 입사한 직원들을 3년간 추적해본 결과, 인사 평가와 역량 검사 결과가 97% 일치했습니다.

역량만큼 중요한 것은 지원자가 '성장 마인드셋Growth Mindset'을 지니고 있는지 여부입니다. 아무리 뛰어난 재능을 가졌어도 성장하려는 마음이 없다면 자신의 잠재력을 발휘하기 어렵기 때문입니다.

닥터지에는 '찐팬' 또는 '닥찌'라 불리는 브랜드 서포터즈가 있습니다. 이들은 단순히 제품 후기를 SNS에 올리는 것을 넘어, 신제품

개발에 참여하고, 친환경 및 배리어프리 활동 등 다양한 캠페인을 주도합니다. 매년 선발하며, 활동이 끝난 뒤에도 전 기수가 모여 '닥찌 페스티벌'을 열고, 일부는 '닥찌 위원회'에 참여해 자발적으로 활동을 이어갑니다.

2023년부터는 닥찌 활동 경험이 있는 서포터즈들에게 신입 사원 공채 시 서류 전형을 면제해주는 패스트트랙을 도입했습니다. 실제로 닥찌 4기 출신 지원자가 678:1의 경쟁률을 뚫고 상품 기획 및 관리 직무에 최종 합격했습니다.

사회생활을 하면서 자기 자신에게 맞는 환경을 찾기란 쉽지 않습니다. 그래서 사람들은 그것을 천운이라고도 합니다. 하지만 꽃은 운으로 피어나지 않습니다. 꽃이 피기 위해서는 빛과 온도, 습도, 토양 등 섬세한 조건이 필요합니다.

사람이 자신의 재능을 꽃피우는 것도 마찬가지입니다. 우리 모두에게는 황금 씨앗이 있습니다. 적절한 환경이 주어지면 그 씨앗은 피어날 수 있습니다. 우리에게 중요한 것은 구성원 한 사람 한 사람이 자신의 황금 씨앗을 틔우고 꽃피울 수 있는 환경을 제공하는 것입니다. 사람의 성장은 곧 회사의 성장이기 때문입니다.

자신에게 잘 맞는 토양을 찾아서

모든 조직에 저성과자는 불가피하게 존재합니다. 인사 평가 시즌이 되면 인사부서와 사업부 리더들의 가장 큰 고민은 저성과자에 대한 조치일 것입니다. 과거에는 뛰어난 성과를 내던 직원도, 회사의 성장과 변화 속에서 예전만큼 성과를 내지 못하는 경우가 있습니다. 고운세상은 지난 10년 동안 스무 배 넘게 성장했습니다. 그 과정에서 회사의 속도에 맞춰 스스로 변화하고 성장한 사람도 있었고, 그렇지 못한 이들도 있었습니다.

그렇지 못한 이들에게는 솔직하고 분명하게 피드백을 해줘야 합니다. 스스로 판단할 기회를 주어야 합니다. 중요한 점은 이 과정에서 당사자가 존중받고 있다고 느끼게 하는 것입니다.

과거에 잘하던 직원도 회사가 성장하면서 저성과자가 될 수 있습니다. 그러나 그 직원이 다른 회사로 가면 그곳의 핵심 인재가 되기도 합니다. 이는 회사의 성장 과정에서 필요한 것을 경험으로 배웠기 때문입니다. 그래서 저는 상황에 따라 회사에서 예전만큼 인정받지 못하는 직원에게 다른 기회를 찾아보라고 권하기도 합니다. 새로운 곳이 그들에게는 기회의 땅일 수 있기 때문입니다.

저 역시 일을 하다보면 '내가 이 자리에 맞는 사람일까?'라는 의문이 들 때가 있습니다. 특히 동료들의 부정적인 피드백을 받으면 자신감이 떨어지곤 합니다. 그럴 때마다 스스로에게 되뇌는 말이 있습니다.

'내가 최선은 아닐지라도, 최악은 아닐 것이다.'

세상에 완벽한 사람은 없습니다. 완벽하지 않더라도 내 부족함은 동료들의 도움으로 채우고, 내가 잘하는 부분으로 기여하면 됩니다. 하지만 언젠가는 다른 사람이 내 자리를 맡는 것이 더 나은 선택일 수 있다는 가능성도 인정해야 합니다. 그런 순간이 오면 저는 언제든지 겸허히 받아들이고자 합니다. 저의 황금 씨앗이 피어날 토양이 이곳이 아닐 뿐이니까요. 단지 이곳에서 저에게 주어진 시간 동안 최선을 다하면 됩니다.

이것은 어느 한 사람의 문제도 회사의 문제도 아닙니다. 이런 피드백 때문에 사이가 나빠질 이유도 두 번 다시 안 볼 이유도 없습니다. 회사의 성장에 기여한 점은 공개적으로 인정해주어야 하며, 떠나는 사람에게 '당신이 나가서도 성공할 수 있도록 회사가 돕겠다'는 메시지를 분명히 전달해야 합니다. 우리는 함께 일한 동료이자, 앞으로도 서로의 성공을 응원하는 동업자이기 때문입니다. 이 세상에 불필요한 사람은 없습니다. 단지 지금은 서로의 역할이 맞지 않을 뿐입니다.

인사고과 최하 등급에서 최고 등급으로

하지만 인사 평가와 피드백 과정에서 때로는 기적 같은 일이 일어나기도 합니다. 2023년에 인사고과 최하 등급이었던 직원이 2024년, 불과 1년 만에 최고 등급을 받은 것입니다. 제가 직장 생활을 시작한 지 25년 만에 처음 보는 일입니다. 처음에 해당 본부장으로부터 보고를 받았을 때, 제 귀를 의심했습니다. 한 단계가 오른 것도 아니고, 어떻게 그런 일이 가능할까 싶었습니다.

그래서 이런 기적 같은 일이 가능했던 이유를 곰곰이 생각해보았습니다.

첫째, 소속 부서 팀장이 바뀌었습니다. 그 팀장은 어떤 팀원이라도 동기를 부여하는 타고난 모티베이터입니다. 회사에서 어떤 새로운 업무가 주어져도 팀원들을 설득해서 그 일을 해내고야 맙니다.

둘째, 부서의 구성원이 바뀌었습니다. 유능하고 적극적인 동료들이 들어오면서 해당 직원의 근무 태도에 변화가 생기기 시작했습니다.

셋째, 본인이 바뀌었습니다. 팀장과 동료들이 바뀌자 본인의 태도가 변했습니다. 동료들의 일하는 모습을 보면서 업무를 대하는 방식과 자세가 달라지기 시작했고, 그가 맡은 프로젝트들의 성과 또한 몰라보게 나아졌습니다.

이 일을 통해서 저는 성과를 내지 못하고 태도가 나쁜 직원을 탓하기 전에 그 사람을 둘러싼 환경에 문제가 없는지 살피고 점검해야 한다는 큰 교훈을 다시금 깨달았습니다. 누구나 잘할 수 있는 일이 있고, 누구나 회사에 기여하는 사람이 되고 싶어합니다. 경영자와 리더의 역할은 그들이 그런 사람이 될 수 있도록 돕는 일입니다.

모두에게는 황금 씨앗이 있다

"인사는 마케팅이다."

인사 업무를 맡고 있는 성장지원실 직원들에게 제가 늘 강조하는 말입니다. 마케팅의 본질은 '입소문'입니다. 좋은 입소문은 그 제품을 써본 사람들로부터 퍼지듯, 회사에 대한 평판도 그곳에서 일해본 직원들로부터 퍼집니다. 아무리 잘 포장해 홍보해도, 직원들이 그렇게 느끼지 않으면 소용이 없습니다.

소비자들이 특정 브랜드를 좋아하는 이유는 그 브랜드만의 차별화된 경쟁력이나 철학 때문입니다. 고운세상은 '구성원이 회사의 성장을 위한 도구가 아니라, 회사가 구성원의 성장을 돕는 도구'라는 명확한 인사 철학을 갖고 있습니다. 또한 '누구나 타고난 재능을 발휘하며 건강하고 자유로운 1인 기업가로 성장하는 공동체'라는 뚜렷한 비전도 가지고 있습니다. 그렇게 성장해 다른 회사로 이직한 직원들이 뛰어난 활약을 보이며 '고운세상 출신은 일을 잘한다'는 평을 듣고 있습니다.

우리는 사람을 수단으로 대하지 않고, 사람의 성장을 최고의 목적으로 삼아야 한다는 신념이 있습니다. 그리고 뚜렷한 역량과 열정이 있는 사람을 선발해 함께 성장하는 것이 회사에도 가장 이롭다고 믿습니다. 직원들이 회사의 제도와 문화를 몸소 경험하고 이를 진심으로 전파할 때 자연스럽게 좋은 인재들이 모여듭니다. 좋은 기업 문화가 훌륭한 인재를 끌어들이고, 그 인재들이 다시 좋은 제품을 만들어내는 것입니다.

인재는 환경에 따라 그 역량을 꽃피웁니다. 열정과 역량이라는 황금 씨앗을 품은 인재가 활짝 피어날 수 있는 고운세상이 되길 바랍니다.

진실의 순간과
정면 승부하라

"가자, 진실의 방으로."

마케팅을 생각하면 영화 〈범죄도시〉의 이 대사가 떠오릅니다. 마케팅은 고객과 진실의 방에서 만나는 과정이기 때문입니다. 이때 한 치의 거짓이라도 있으면, 고객은 배우 마동석이 연기한 마석도 형사처럼 무시무시하게 변할 것입니다.

예를 들어 SNS로 알게 된 사람을 오프라인에서 만났을 때, 온라인과 오프라인의 모습이 일치하면 신뢰가 쌓입니다. 하지만 SNS에서 보여준 모습이 가식적이라는 것을 알게 되면 두 번 다시 만나고 싶지 않아집니다. 마케팅도 마찬가지입니다. 개인이든 기업이든 성공하려면 고객이 느끼는 진실의 순간과 불일치가 없어야 합니다.

마케팅에서 '진실의 순간Moment of Truth'이란 고객이 제품이나 서비스를 처음 접할 때 느끼는 인상입니다. 첫 번째 순간은 고객이 제품을 처음 보았을 때의 인상입니다. 고객들은 제품의 패키지나 제품명, 홍보 문구를 보고 '이 제품이 어떤 제품일 것이다'라는 인상을 받습니다. 두 번째 순간은 제품을 개봉해 처음 사용해본 후에 찾아옵니다. 고객은 첫 번째 순간과 두 번째 순간이 일치할 때 해당 브랜드에 신뢰가 생기고, 불일치할 때 실망이 쌓입니다.

닥터지의 스테디셀러들을 보면 고객의 이런 성향이 드러납니다. 제품명과 핵심 홍보 메시지가 사용 후 느껴지는 효과와 잘 맞아떨어지면 그 제품은 오래갑니다. '저자극'이라는 표현을 쓰려면 정말 자극이 없어야 합니다. '브라이트닝'이라는 문구를 썼다면 피부가 실제로 밝아지는 효과를 줘야 합니다. 만약 제품이 기대만큼 판매되지 않는다면, 진실의 순간에 불일치가 일어나고 있는지 점검해야 합니다.

고객의 바람을 진실로 만드는 것이 마케팅이다

"진지하지만 발랄하게 만들어보세요."

제가 고운세상 상품 기획자들에게 자주 던지는 말입니다. 이 말을 처음 들은 신입 직원들의 표정이 재미있습니다. 차라리 카페에서 "따뜻한 아이스 아메리카노 주세요"라고 주문하는 것이 덜 황당하게 들리겠죠. 하지만 직원들은 속마음을 들키지 않기 위해 표정 관리를 하며 제게 되묻습니다.

"그게…… 어떤 말씀일까요?"(여러분의 사회생활, 파이팅입니다.)

'진지하지만 발랄하게'는 사실 역설paradox에 대한 힌트입니다. 지금까지 고운세상의 히트 제품들은 모두 이런 역설에서 시작되었기 때문입니다. 예를 들어 '브라이트닝 업 선'은 선크림인데 미끌거림이 없습니다. '레드 블레미쉬 클리어 수딩크림'은 젤 제형인데 가볍지 않고 수분감이 오래 지속됩니다. '두피랩 샴푸'는 두피 케어 샴푸인데도 모발이 부드러워집니다.

고객은 하나의 효익을 위해 다른 효익을 포기하고 싶어하지 않습니다. 조금이라도 불편하면 고객은 떠나기 마련입니다. 아무리 효과가 좋아도 피부에 자극을 유발한다면 그 리스크를 감내할 고객은 없습니다. 아무리 환경 보호를 내세운다고 해도 화장품이 주는 효과가 미미하다면 그 명분에 공감할 고객은 없을 것입니다.

따라서 고객이 진정으로 원하는 것이 무엇인지 묻는 것은 마케팅의 기본입니다. 예를 들어 2021년에 출시된 '배리어D 크림'은 한국인들이 비타민D 결핍에 시달린다는 점에 착안해 만들어졌습니다. 하지만 예상과 다른 일이 벌어졌습니다. 고객 후기에 비타민D 성분 때문에 이 상품을 구매했다는 고객은 없었습니다. 오히려 순하고 자극이 없어서 아이들과 함께 써도 좋을 것 같다는 후기가 많았습니다. 그래서 핵심 메시지를 '온 가족이 함께 쓰는 보습크림'으로 바꾸었습니다. 그러자 매출이 전년 대비 355%나 성장했습니다.

이처럼 마케팅은 고객의 바람을 진실로 만들어주는 것입니다. 물론 그것이 처음의 의도와 다를 수도 있고, '따뜻한 아이스 아메리카노'처럼 역설일 수도 있습니다. 하지만 그것을 진실로 구현해내야 하는 것이 우리의 역할입니다.

고객의 마음속에 일등으로 자리 잡기

화장품에 조금이라도 관심이 있는 분이라면 한 번쯤 '선크림은 닥터지'라는 문구를 들어보셨을 겁니다. 사실 제가 고운세상에 합류한 2014년 당시만 해도, 국내에서는 선크림을 광고하는 브랜드가 거의 없었습니다. 그런데 〈겟잇뷰티〉라는 프로그램에서 '닥터지 브라이트닝 업 선'이 블라인드 테스트 1위를 차지했습니다. 알고 보니, 그 프로그램의 작가가 개인적으로 쓰던 제품을 패널들에게 소개하며 테스트해보라고 권한 것이었습니다.

이 행운의 사건을 계기로 저는 선크림을 닥터지의 전략 품목으로 키우기로 결정했습니다. 이듬해에는 드라마 〈태양의 후예〉의 인기를 등에 업고 배우 김지원 씨를 모델로 TV 광고와 버스 광고에 대규모 투자를 했습니다.

2017년에는 '겨울 선크림'이라는 새로운 개념의 제품도 선보였습니다. 사실 자외선은 여름뿐만 아니라 사계절 내내 피부에 영향을 미칩니다. 우리는 그 사실을 널리 알리면서 겨울철에도 선크림을 발라야 한다는 캠페인을 펼쳤습니다. 그 결과, 이제는 365일 선크림을 바르는 것이 자연스러운 스킨케어 루틴이 되었습니다.

이 성공을 발판 삼아, 이번에는 보습크림 시장에 도전했습니다.

하지만 보습 시장은 이미 기존의 강력한 브랜드들이 가득했습니다. 그래서 저는 마오쩌둥의 대장정처럼 우회 전략을 선택했습니다. 보습크림이 많이 팔리는 겨울이 아니라 여름을 노린 것입니다.

한여름에는 스킨케어 제품 광고가 거의 없습니다. 경쟁자들이 방심하는 틈을 타서 저희는 새롭게 '진정 수분크림'이라는 카테고리를 만들었습니다. 그러자 쉽게 시장을 선점하고, 올리브영에서도 파워팩 행사를 진행할 수 있었습니다.

후발 주자가 경쟁이 치열한 시장에 처음 진입할 때는 자리를 잡기가 매우 어렵습니다. 이럴 때는 경쟁이 덜한 카테고리를 찾아 나만의 영역을 먼저 확보하는 것이 중요합니다. 그러고 나서 그 영역을 중심으로 확장해나가야 합니다. 작은 카테고리라도 일등이 되면 다음 단계가 보입니다.

캠페인 슬로건도 자주 바꾸지 말고 일관되게 사용해야 합니다. 소비자들에게 우리 제품은 수많은 제품 중 하나일 뿐입니다. 따라서 소비자들의 머릿속에 깊이 각인될 때까지 하나의 카피를 정해 최소 10년은 사용하는 것이 좋습니다. 광고 카피를 자주 바꾸기보다, 꾸준히 같은 메시지를 전달하는 것이 소비자들에게 브랜드를 각인시키는 길입니다.

결국, 제품 기획과 마케팅 전략의 시작은 '일등이 될 수 있는 시장을 찾아내고, 그곳에서 꾸준히 메시지를 전하는 것'입니다.

제품의 가치는 고객이 정한다

고객이 현재 제품에서 느끼는 불편을 예민하게 살피는 것 역시 마케팅입니다. 제가 매일 빠짐없이 고객 후기를 읽는 이유도 여기에 있습니다. 고운세상은 매주 고객 클레임을 전 직원과 공유하며, 고객의 불편을 신속히 해결하고 예방합니다. 클레임 유형은 주문 처리나 포장 실수로 인한 배송 오류, 제품의 결함, 홈페이지 오류 등 다양합니다. 클레임을 공유하는 이유는 문제를 발생시킨 부서를 질책하기 위함이 아니라, 비슷한 문제가 다른 채널에서 반복되지 않도록 예방하기 위함입니다. 직원 입장에서는 자신의 실수가 전사에 공개되는 것이 불편할 수 있습니다. 하지만 고객 입장에서는 대표이사를 비롯한 모든 구성원이 고객 불만을 공유하고 신속히 대응하는 회사를 더 신뢰하게 됩니다.

저는 클레임이 없다는 보고보다는, 발생한 문제를 공유하고 빠르게 대응하는 과정이 더 안심됩니다. 늘 문제를 용기 있게 공개하고 처리하는 직원들에게 감사하며, 접수된 문제에 신속히 대응해주는 품질팀에도 고마운 마음입니다. 그래서 매주 사내 게시판에 올라오는 고객 클레임 공지에 항상 '엄지 척'을 눌러 응원합니다.

'우리의 고객은 누구인가?'
'고객이 가치 있다고 생각하는 것은 무엇인가?'

마케팅을 할 때 항상 잊지 말고 기억해야 하는 질문들입니다. 제품의 가치는 회사가 정하는 것이 아니라, 제품을 사용하는 고객에 의해서 정해지는 것이기 때문입니다. 고객이 바라는 진짜 가치를 발견하는 것이 모든 비즈니스의 핵심입니다.

우리는 용기와
자신감을 팝니다

제 방에는 작은 화분이 하나 있습니다.

아내가 입사 기념으로 선물해준 화분입니다. 처음엔 달걀만 한 크기의 작은 화분 속 씨앗뿐이었습니다. 예전 사무실은 햇빛이 잘 들지 않아 화분 속 나무도 잘 자라지 않았습니다. 줄기는 더디게 자라 밑동이 제법 두꺼워졌지만, 잎은 생기가 없었습니다.

그런데 볕이 잘 드는 사무실로 방을 옮기고 나니, 나무는 놀랄 만큼 빠르게 자라기 시작했습니다. 몇 달 만에 지난 몇 년을 뛰어넘는 성장을 보였죠. 햇빛 한 줄기 없는 곳에서도 생명을 이어온 나무의 강인함에 한 번, 빛을 만나 맹렬히 자라나는 생명력에 또 한 번 감탄

했습니다.

"이 브랜드를 통해 전하고 싶은 메시지는 무엇인가요?"

닥터지의 동생 브랜드 '비비드로우VIVIDRAW'를 개발할 때 받은 질문입니다. '비비드로우'라는 이름을 처음 들었을 때 머릿속에 떠오른 건 제 방의 화분이었습니다. 정확히는 화분에 잠재되어 있던 '생기生氣', 즉 싱싱하고 힘찬 기운이었습니다. 비비드로우는 비건 인증 원료로만 만든 친환경 화장품입니다.

브랜드는 결국 고객에게 향하는 메시지입니다. 일상에 지친 누군가에게 삶의 강한 의지를 전할 수 있다면, 이 브랜드는 존재할 가치가 있다는 믿음이 들었습니다. 한 줄기 빛도 없는 방에서 생명의 끈을 놓지 않은 화분 속 나무가 제게 위로와 힘을 주었던 것처럼 말입니다.

브랜드의 차별화는 철학에서 시작된다

기업의 지속가능성은 철학에서 잉태한 조직 문화의 자양분을 먹고 자랍니다. 모든 차별화의 지점은 가격이 아니라 철학입니다. 그리고 회사의 철학에 대한 이해와 공감이 조직 문화에 깊숙이 스며드는 것이야말로 누구도 모방할 수 없는 진정한 핵심 역량입니다.

마케터 강민호가 쓴 『변하는 것과 변하지 않는 것』에 나오는 말입니다.

화장품 업계에서는 하나의 히트 상품이 반짝 성공해 단기간에 큰 매출을 올리기도 합니다. 하지만 그 브랜드가 10년 이상 살아남는 경우는 드뭅니다. 철학이 없거나, 철학이 소비자에게 제대로 전달되지 않았기 때문입니다. 철학 없는 브랜드는 저렴한 모방 제품에 금방 밀려납니다. 그 때문에 기업은 소비자가 해당 브랜드를 꾸준히 선택할 수 있는 '철학적 명분'을 제공해야 합니다.

훌륭한 철학적 명분을 가진 예로는 '우리 강산 푸르게 푸르게'의 유한킴벌리와 '바른 먹거리'를 내세운 풀무원이 있습니다. 이들 회사의 명분은 정당성과 보편성, 지속성과 확장성에서 모두 탁월합니다. 정당성은 신뢰의 바탕이 되고, 보편성은 소비자의 폭을 넓혀줍니다. 지속성은 브랜드를 유행에 휘둘리지 않게 하고, 큰 명분은 더 큰 성공을 불러옵니다.

닥터지는 고운세상피부과에서 2003년에 처음 선보인 제품이지만, 국내에서 병원 이외의 채널에서 판매를 시작한 것은 2011년부터입니다. 처음부터 병원 환자를 위해 순하면서도 효과가 검증된 원료만으로 제품을 만들었고, 10여 년간 이 원칙을 지켜오며 하나의 브랜드로 완성되었습니다.

닥터지의 철학은 '누구나 피부를 건강하게'입니다. 좋은 품질의 제품을 합리적 가격으로 제공하며, 다양한 유통 채널을 통해 누구나 쉽게 접근할 수 있도록 합니다. 그뿐만 아니라 제품 용기에 점자를 새겨 시각장애인도 쉽게 사용할 수 있게 했습니다. 고객들의 피부 유형을 무료로 분석해주고, 피부 유형에 맞는 화장품과 음식, 라이프스타일을 알려주는 서비스 또한 꾸준히 제공해오고 있습니다. 특히 피부과에 방문하기 어려운 사람들도 쉽게 접근할 수 있는 옵티미 서비스를 무료로 제공합니다. 피부 유형 진단부터 피부 고민 상담까지 받아볼 수 있는 1:1 멘토링 서비스입니다.

이처럼 매출과 직접적인 상관이 없는 서비스를 지속해오는 것은 회사의 철학적 명분을 지키기 위해서입니다. 이 브랜드에서 제시하는 피부 관리 방법만 꾸준히 따라 하면 누구나 건강한 피부로 행복하게 살 수 있다는 것이 바로 우리가 고객에게 전하는 핵심 메시지입니다.

브랜딩은 고객을 향한 메시지다

스타트업을 운영하는 한 후배가 "브랜딩을 어떻게 해야 하나요?"라고 물었습니다. 저는 그에게 "그 브랜드는 누구를 위해 만들었니? 왜 그 브랜드가 이 세상에 존재해야 된다고 생각하니?"라고 되물었습니다. 브랜딩은 타깃 고객이 제품을 통해 자연스럽게 그 이유를 느끼고 공감할 수 있도록 설계해야 하기 때문입니다. 매출 상승은 운과 기회가 따라줘야 하는 일이기에, 외형을 키우기보다 먼저 브랜드의 본질에 집중해야 합니다.

브랜딩 작업을 할 때는 '우리는 이런 브랜드예요'라고 외치는 대신, 고객이 자연스럽게 알아차리게 해야 합니다. 포장, 디자인, 네이밍, 제형, 사용감까지 모든 요소가 같은 메시지를 전달해야 합니다. 타깃 고객은 처음에는 좁게 잡아야 하며, 매출 확장을 위해 무리하게 타깃을 넓히면 브랜드가 제 색깔을 잃게 됩니다.

빠른 성장을 위해 외부 투자를 받으면 매출과 이익에 집중하게 되면서 '누구를 위해 이 브랜드를 만들었는지'를 잊기 쉽습니다. 저는 회사 구성원들에게 항상 말합니다.

"우리는 화장품 회사가 아닙니다."

그럼 우리는 무엇일까요? 단순히 우리가 화장품 회사라고 생각하면 이 브랜드는 10년 사이에 사라져버릴 것입니다. 하지만 우리의 목표는 피부 고민을 가진 사람들을 돕고, 누구나 건강한 피부를 가질 수 있게 하는 것입니다.

'K-뷰티'의 흐름을 타고 대한민국 화장품이 전 세계로 향하고 있습니다. 고운세상도 공격적인 해외 시장 공략에 나서 더마코스메틱(기능성화장품)으로 인지도를 높여가고 있습니다. 2024년 상반기 실적 중 해외 매출액이 전년 동기보다 200% 이상 상승하기도 했습니다.

이제 전 세계적으로 늘어난 우리의 고객은 다양한 배경을 지닌 채 우리가 미처 상상하지 못했던 요구들을 할 것입니다. 점점 고운세상을 둘러싼 많은 것이 변할 것입니다. 앞으로 고운세상이 얼마나 다채로워질지 상상해보는 일은 늘 즐겁습니다. 하지만 언제나 잊지 말아야 하는 것이 있습니다.

우리는 화장품을 파는 것이 아닙니다.
우리는 용기와 자신감을 팝니다.

감사의 글

지금까지 살아오며 너무 많은 분들에게 신세를 졌습니다.

중학교 때 원장장학재단으로부터 장학금을 받았습니다. 재단 이사장님인 원종목 회장님은 잡지 「월간에세이」를 매달 집으로 보내주셨습니다. 장학금을 주신 것도 감사했지만 매달 보내주시는 잡지에 실린 그 마음이 더 고마웠습니다. 내가 존경할 수 있는 사회의 어른이 있다는 게 좋았고, 그분이 나를 지켜보고 있다는 것이 감사했습니다.

고등학교 때 독지가인 문병용 선생님으로부터 장학금을 받았습니다. 여름방학이 되면 선생님은 장학금을 받는 학생들을 모아서 치

악산으로, 간현유원지로 데려가 캠핑을 하며 하룻밤을 함께 보내게 해주셨습니다. 그 덕분에 우리는 형제들처럼 서로에게 의지할 수 있었습니다. 나와 처지가 같은 누군가가 있다는 사실이 큰 위로가 되었습니다.

대학에 합격했을 때 고향에서 조그만 사업을 하시던 서인범 사장님께서 입학등록금에 쓰라며 100만 원을 주셨습니다. 혼자 식당을 하며 저희 삼남매를 키운 어머니께 효도해줘서 고맙다며 주고 가신 돈입니다.

학교를 졸업하고 회사에 들어갔습니다. 그릇이 간장 종지 같은 놈이라고 맨날 혼내면서도 "주호 넌 언젠가 잘될 거다"라며 저의 긴 방황을 지켜봐주신 김장진 사장님. 사람을 키우는 것이 진짜 리더임을 몸소 보여주신 인생의 스승이십니다.

두 번째 회사에서 만난 박용석 회장님. 관공서에서 회식 비용 협찬 요청이 왔다고 말씀드렸더니, 은행 ATM에서 본인 계좌의 현금을 인출해 가져다주라며 건네셨습니다. 회사의 경영자는 누구보다 깨끗해야 한다는 사실을 실천으로 일깨워주셨습니다.

두 번째 회사에서 만난 안성현 사장님. 실제의 저보다 더 큰 제가 될 수 있도록 항상 응원하고 독려해주시던 분입니다. 리더는 다른 사람들의 잠재력을 이끌어내고 그들이 잘할 수 있도록 치어리더 역할을 하는 사람이라는 것을 알게 해주셨습니다.

고운세상에서 만난 안건영 원장님. 원장님은 사람이 사람을 얼마나 믿을 수 있는지, 그리고 그 믿음이 어떻게 사람을 변화시킬 수 있는지 보여주신 분입니다. 안건영 원장님을 만나지 못했더라면 제 인생은 완전히 달라졌을 것입니다. 원장님과의 복된 만남이 인생의 수렁에서 저를 건져 올렸습니다.

제가 가장 힘들 때 제 곁을 끝까지 지켜준 회사 후배 규남이. "공장으로 좌천되어 내려간 나를 그리워하며 밤마다 술에 취해 영통 시내에서 비틀거리던 너를 지켜주지 못해서 미안했다. 인생은 나에게 술 한잔 사주지 않았지만 규남이 네가 있어서 내 인생은 그리 외롭지 않았다."

우울증과 공황장애로 삶의 의지를 잃어가던 저에게 "주호야, 살아보니 과거는 미래에 의해 다시 쓰이더라"던 제 친구 태환이. 태환이의 그 한마디가 저를 일으켜 세웠습니다. 힘들었던 저의 과거는 지난 10년의 세월을 거치며 새로운 의미로 재해석되었습니다.

회사를 옮길 때마다 "일할 사람은 당신이니까 당신 하고 싶은 대로 해요"라며 저를 응원해준 아내. 가는 곳마다 자리를 못 잡고 방황하는 남편을 불안한 눈길로 바라보며 가슴 졸였을 아내의 마음을 생각하면 지금도 마음이 아픕니다. 제 기나긴 방황을 인내와 사랑으로 지켜보며 곁을 지켜준 아내가 있었기에 오늘의 제가 있을 수 있었습니다.

바르고 착하게 잘 자라준 딸 지은이와 아들 예훈이. "너희는 하느님이 가장 아끼던 공주님과 왕자님인데 엄마 아빠한테 선물로 보내주신 거야. 그래서 엄마 아빠는 너희를 잘 지켜줘야 돼.' 어릴 때 너희와 한 이 약속을 지키기 위해 엄마 아빠는 최선을 다해왔단다. 너희가 있어서 살아올 수 있었단다."

제가 힘들 때마다 저를 믿고 응원해준 우리 고운세상의 고운이들. 회사가 어려워지면 더 똘똘 뭉쳐서 서로를 지켜주던 고운이들. 그들은 지난 10년간 회사에서 저를 지탱해준 버팀목이었습니다. 그들과 함께한 지난 10년은 제 인생에서 가장 빛나는 순간이었습니다.

마지막으로 저를 설득해서 책을 쓰게 한 세이코리아의 박진희 상무님과 양재화 수석님. 그분들의 열정과 노고가 있었기에 이 책이 세상의 빛을 보게 되었습니다.

이 외에도 지금까지 살아오면서 너무 많은 분들에게 신세를 졌습니다. 그분들이 있었기에 제가 버틸 수 있었습니다. 저도 이제 힘들어하고 있을 누군가에게 든든한 버팀목이 되어주고자 합니다. 남은 삶의 시간 동안 제가 받은 것의 일부라도 사회에 되돌려주고 갈 수 있다면 소원이 없을 것입니다.